# 简单父母经

## Simplicity Parenting

（美）金·约翰·培恩
（美）利萨·M. 罗斯 著

杨 雪 张 欢 译

辽宁科学技术出版社
·沈 阳·

SIMPLICITY PARENTING: USING THE EXTRAORDINARY POWER OF LESS TO RAISE CALMER, HAPPIER, AND MORE SECURE KIDS
by KIM JOHN PAYNE, M. ED., WITH LISA M. ROSS


**图书在版编目（CIP）数据**

简单父母经 /（美）培恩，（美）罗斯著；杨雪，张欢译. —沈阳：辽宁科学技术出版社，2013.7（2022.10重印）
ISBN 978-7-5381-8081-7

Ⅰ. ①简… Ⅱ.①培… ②罗… ③杨… ④张… Ⅲ.①家庭教育 Ⅳ. ①G78

中国版本图书馆CIP数据核字（2013）第118220号

---

出版发行：辽宁科学技术出版社
（地址：沈阳市和平区十一纬路25号 邮编：110003）
印 刷 者：辽宁新华印务有限公司
经 销 者：各地新华书店
幅面尺寸：170mm × 240mm
印　　张：16
字　　数：400千字
出版时间：2013年 7 月第 1 版
印刷时间：2022年 10 月第 4 次印刷
责任编辑：姜　璐
封面设计：袁　舒
版式设计：袁　舒
责任校对：刘　庶

---

书　　号：ISBN 978-7-5381-8081-7
定　　价：39.80元

联系电话：024-23284062 联系人：姜 璐 编辑
地址：沈阳市和平区十一纬路25号 辽宁科学技术出版社
邮编：110003
E-mail: 1187962917@qq.com
http: //www.lnkj.com.cn

# 目 录

# 简介

**自信地朝你的梦想前进。当你简化自己的生活时，宇宙的定律也会随之简化。**

**——亨利·大卫·梭罗**

作为父母，我们是家庭日常生活的建筑师。我们为我们所爱的人建造了一所“房子”，所用的材料是“我们要一起做的事”和“怎么去做这些事”。我们决定了每天的节奏，设定了一种步调。当然，没有人是无所不能的。问问那些青春期孩子的父母就知道了！很多时候，我们都感觉自己被生活所控制，被所谓的责任所束缚，仿佛生活在夹缝之中。然而，就是在这些琐碎的日常生活里奔波的过程中，我们组建了家庭。

从一个家庭的日常生活方式里，你就能看出这个家庭重视的是什么。我经过了专业训练和长时间的研究才能做到这一点，但孩子们不需要，他们天生就是专家。他们很自然地就能看出端倪。他们能从大人们来来往往、忙忙碌碌之中看到更珍贵的东西，是什么呢？就是我们和孩子们在一起的时间，以及我们对爱的表达和付出。就是这么简单。

事实上，他们是对的。作为父母，我们几乎没有什么动机和企图，天下父母的愿望都是一样的。不论你来自哪里，不论贫穷还是富有，所有父母都想把最好的东西给自己的孩子。爱，保护孩子，给孩子提供良好的物质保障，这就是天下父母共同的动力。

作为父母，我们都有一张关于家的蓝图。但是，计划常常被迫改变，我们常常被各种各样的债务问题困扰，总有意外，工作怎么做也做不完。不过，尽管如此，我们的内心深处仍然抱着希望，互相看着对方。我们总是记得5岁儿子婴儿时期的样子，也时常展望成年的他会有何成就。我们就是在这样简单的动机中获得能量和鼓舞，不断前行。

在孩子的成长过程中，如果他们觉得受到保护，你是能看得出来的。如果他们总是跟所爱的人在一起，他们的成长将是非常明显的，也会经常展现出充满启示和灵性的迷人时刻。这些是在我们的鼓励和刺激下产生的吗？绝对不是！他们只是在展示本来就金光闪闪的自己而已。身为父母，这一刻觉得最幸福。但是，这种时刻可不是通过时间表可以安排出来的，也不能在我们的要求或者督促下发生。

只有在有安全感的安宁小窝里，我们才能做真正的自己。要想让孩子健康地成长，给孩子提供这样一个安静的港湾是非常重要的。我们的爱和引导能给孩子提供他们成长所需的宽容空间吗？很显然，孩子们只有在有足够的时间和空间去探究他们的世界时，才是最快乐的。我们也许会在过去和未来之间徘徊，但是孩子——这些小小“禅师”们——渴望完全投入，享受当下。很多家长都希望孩子们能有自己的个性，发展出自己的声音，展现自己的本能，有自己的韧性。但这些都是需要时间的，不可操之过急，遗憾的是，我们当中的大多数人总是忘记这一点。

残酷的现实是，现代人在家中越来越难得到休息和恢复精力的机会。我们把工作中的焦头烂额带回了家，随身携带着各种移动存储设备，电脑、电话、传真、电子邮件……我们无处可逃。孩子们的时间表也是严重超载的。许多父母甚至需要电子软件来帮助他们“追踪”和安排孩子的时间表。儿童成长心理学家大卫·艾尔坎指

出，在过去的20年里，孩子们每周失去了12个小时的自由时间。当大家认为“全能儿童”有更强的社会竞争力时，有没有人考虑过另外一个事实，那就是**越来越多的孩子变得难以专心地做好一件事？**

在生活中，不论多么小的事情，我们都会面对令人头昏脑涨的一大堆事和过多选择。各种东西的品牌、功能、大小、价格，再加上我们可能听过的警告或注意事项，所有这些都加入了我们的选择和决策过程之中。太多东西、太多选择了！如果我们身为大人都受不了，你能想象一个孩子的感受吗？不论是太多选择还是太多东西，带给我们的都绝对不是“快乐”。广告上常说“越多选择就越好”，选过手机资费套餐的人都很明白，这不过是个陷阱罢了。事实恰好相反，太多选择，有时会让你崩溃的。这是另一种形态的压力。它不但会“吃掉”我们的时间，研究还指出，选择太多会消蚀我们前进的动力和幸福感。

还有一些在不知不觉中入侵我们的生活、家庭以及孩子世界的东西，那就是雪崩般的、未经过滤的、不请自来的资讯。过去，家和外面世界是相对分开的，即使是发生联系，也是可以受到家长控制的。而现在，电视、网络的入侵让孩子们随时随地都能看到外面所谓的“现实世界”正在发生的一切，不仅仅有文字资讯，还有丰富的彩色图片和各种视频。家长作为家门守卫者的责任更大、难度更强了。

大家都知道，把青蛙扔进一锅开水中，它会奋力跳出，这没有什么。但是，你知道吗？如果你把青蛙放入冷水里，渐渐加热，青蛙就没有逃跑的欲望了。作为一名家庭教育问题的资深人士以及我身为父母的经验，我得说，我们所处的社会，这一锅水，可并不友善，尤其是对孩子们。

你想一下，今天，我们的家庭是不是建立在四“多”之上？**太多物质**、**太多选择**、**太多资讯**、**太过迅速**？我认为是的。同时，我坚定地认为，我们完全没有必要如此。我见识过很多次成功案例，父母本身就可以为家庭生活带来很多新的乐趣和新的专注点。毫无疑问，身为家庭的建筑师，我们可以为家庭带来一些空间与宽容，让孩子的日常生活少一些快速、少一些杂乱。

多年来，我从和各种各样的孩子、各种各样的家庭打交道的经验中，总结出了一些方法，可以帮助我们减少孩子生活中的各种“杂乱”——压力、打扰、选择。我已经看到这些方法和策略在重建孩子的轻松感、幸福感方面取得了显著的效果。这本书告诉我们如何重新安排日常生活去配合孩子们童年的步调、保证孩子的童年不被干扰，以及如何重新安排我们乱糟糟的实际生活来实现我们对家庭的美好愿望。这本书的主要目标是帮助你脱掉许多不需要的、令人分心的、令人受不了的，各种扰乱孩子注意力、给他们精神压力的东西。

自古以来，无论是通过创造还是自然获得，平静感可以让任何年龄的人感受更深层次的自我。亲密的关系通常都是在这种平静之中建立的，因为，这种时刻，没有其他乱七八糟的事情来干扰。这本书应该会给你许多如何找回这些时刻的灵感，如何为孩子在诸多烦乱之中营造一个安静的岛屿，**让孩子们有机会“做自己”**。

在现在的社会里，我们之所以盲目追求速度，是因为我们被焦虑所包围。每天生活在无休止的担心和操心里，为了避免各种危险和问题，我们只好全力奔跑。于是，我们用同样的焦虑感来做父母，到处捕捉各种所谓的“充实才艺的机会”，还要时刻警惕隐藏的细菌或危机，同时还要尽力给孩子一切“最好的”，不让孩子“输在起跑线”上。但是，这本书不是要谈什么隐藏的危机，或是迅速补救方案，或是如何把握什么稍纵即逝的机会，我要讲的，是一个永久性的解决方案。一件父母们必须要做的事情：**珍惜、尊重孩子的童年！**

当我们以尊重而非恐惧的心态来做父母时，我们就会有更强劲的动力和无限灵感。好消息是，身为父母，我们能做许多事来保护孩子童年的环境，我们能让他们的**个性、韧性、优点**慢慢浮现。

**本书中许多的观点都来自于华德福教育的原则。相信大家对于华德福不会陌生了吧。华德福教育是各国非公立学校教育方法中的一种非常流行的教育方法。华德福学校强调想象力和孩子的整体发展，也就是心、手、脑并用的教育。**

书中所列出的简单教育法是完全可行的，只要你想，就可以做到。当然，我所列出的纲要，每个家庭可以根据自己的需要选择采纳，而不一定要照单全收。所以，你可以选择在家中能够长久执行的来做。每个家庭都有自己的问题、想强调的方面以及可以接受的程度。所有这些，没有所谓“正确”的执行顺序，也没有所谓正确或错误的起始时间。

这四个层次的简化法就像路标一样引导着你前行。每一个层次的具体内容都会在接下来的章节中详细说明。在第一章里，我们将阐述“简单化”为什么既重要又有效。也会介绍如何找回你对这个家庭原有的梦想，因为这些梦想就是你继续往下走的动力。在我们具体执行简单化的“工作”之前，会有一个短短的、重建父母本能的冥想，帮你回顾你本来知道，但已忘记的一切。第二章会帮助你看出孩子的“超载”症状并且治疗它，就像你护理发烧的孩子一样。

第三章，从孩子的卧室开始，我们一起来减掉过多的玩具、书和各种

不必要的选择。“节奏”是简化的另一种形式，会在第四章中提到。建立有节奏的日常生活，就像在岸边建立防卫碉堡，在流动的时间中建立平静的、可预测的安全小岛。你将看到固定每日三餐和就寝的节奏是如何建立起孩子每日生活的主旋律的，同时，这一章里还将涉及其他一些对孩子有长远影响的东西。

通过节奏，我们会深入地看孩子日常生活的模式，并且重新考虑他们每日的时间表。第五章关注的是如何平衡那些特别“活跃”的日子和相对“平静”的日子。告诉你所谓的“自由时间”是如何“被自由地霸占”了，比如各种补习班、作业以及各种各样的事情是如何霸占了我们的自由时间的。**“越多物质、越多选择，孩子就越容易有问题”**的这个大原则，几乎可以用在日常生活的各方面。第六章我们讲述了如何过滤成人世界的“资讯和焦虑”，不让它们进入家中，不让它们入侵孩子的世界。我们关注了父母的参与度，以及亲子关系的紧密度。关注那些必须建立、不能断裂的亲子联系。有了这些，无论孩子们将来走到哪里，心都会跟父母在一起。我们会教你如何简化父母的“参与度”，**不要“过度”做父母**，为孩子们建立一种安全感，让它们可以在这种安全感中自由地前行。你将会学到很多简化参与、增加信任、建立有效亲子关系的新方法。

将灵感与关注带入家庭生活，**“永远都不会太迟”**。如果你的孩子还很小，那么你将在这本书中发现很多未来家庭生活方式的“种子”。这些种子可以在孩子成长过程中持续地保护、滋养他们。在家庭“进化”的每一个阶段当中，多一点时间与空间，少一点速度和杂乱都是有益的。还有一点我必须要强调的，就是，简化的本质是说**“做”得更少，信任更多。**充分信任你的孩子，只要有时间和安全感，他们就会找到对他们最好的方式，以最适合的步调去探索他们的世界。

我的书里写了很多我与其他家庭打交道的实例，相信你会在其中找到

适合你的方法。希望读者能在我的书中找到灵感和认同。希望你在孩子成长的过程中会继续回到这本书中来找灵感和鼓励。

当你的日常生活充满了繁杂的资讯时，“简单化”会让你有更多规律可循，有更多的时间和空间来调整自己身为父母的真正作用。我相信当你在和孩子的关系中投入更多的感性和关注之后，你会发现自己也有所成长，那时，你会很高兴的。这个过程也会让你**有更多机会深入看到孩子将来会有何成就。**

我真心希望这本书能在现在——孩子的成长过程中——就启发每一位父母，给你们带来希望、安心、灵感和方法。

# 第一章　为什么要简化

我们现在的生活面对极大的问题，大到我们几乎看不到，而它们每天、每时都在我们面前。我们都过着“大生活”，生活中充斥着各种各样的活动、紧急事件和必须履行的责任。所有这些，令我们没有时间深吸一口气，没有时间看到问题的根本。

莎拉·苏珊卡——《不怎么伟大的生活》

我和詹姆斯的父母第一次见面时，他大概8岁，刚念小学三年级。他们一家都非常聪明、可爱。妈妈是教授，爸爸在市政府工作。他们向我抱怨说孩子晚上总是睡不着，还总胃痛。一般来说，很多8岁的孩子都很挑食，但是，詹姆斯有点太夸张了。而且他的胃痛发作一阵一阵的，好像跟挑食并没有太大的关系。

詹姆斯的父母很骄傲地告诉我，孩子和大人交流时显得十分自信，同时，却发现孩子跟同龄的伙伴相处时就有很大的问题。如果他觉得某件事有危险，他就会尽力避免，比如骑自行车，别的孩子早就会了，而詹姆斯最近才刚刚学会。妈妈还特别提到了一件有关“开车”的事。原来，每当一家人开车出门时，詹姆斯就像坐在后座上的交通警察一样，哪怕是稍微超过限速一点点儿，也要马上指出来，而且他会非常紧张地盯着前方，扫描所有值得他担心的路况。可想而知，每次开车旅行，对詹姆斯和他父母来说，都不是件轻松愉快的事儿啊！

随着我对他们家的深入了解，我发现，他们的生活完全被所谓的世界大事所包围了。爸爸和妈妈都长期关注时事新闻。不论什么时候，他们家的电视都定格在新闻频道。而且，夫妇二人还会在吃饭和休息时讨论时政，此外，他们还格外关注环保的话题。在这样的环境下，詹姆斯从小就被这些信息严密包裹了。而他的父母对此很骄傲，认为他与同龄孩子相比，知道更多的知识，他们认为他们在培养一位行动主义者，一位“世界公民”，长大了会是一位知晓大事、关心世界的人。

举个例子吧，詹姆斯对全球变暖的了解可以说不输给美国前副总统戈尔。然而正是如此，詹姆斯也成了一个焦虑的小孩。于是，他的父母和我开始共同致力于一种“简化生活”的新家庭制度。我们首先在居家环境上做了些改变，在日常生活中大大增加了规律性和可预期性。我们最关注的，是尽量减少詹姆斯参与到父母的生活当中来，并且让他避免接触此类资讯。

那么，究竟有多少资讯被灌注到这个家里，并且最终进入了詹姆斯的潜意识呢？他们家原来有三台电视，他的父母决定只留下一台，放在父母的书房中。经过认真讨论，他们把家中的两台电视全都请了出去，尽管这个决定对父母来说是很痛苦的，但是为了验证我说的理论是不是正确，以及为了詹姆斯好，他们还是忍痛割爱了。其实，如果他们发现电视原来是家中主要的背景噪声源，还会想念电视吗？此外，所有的移动电子游戏设备，比如Gameboy与XBOX也都被请了出去。最后，将家里的荧幕数量减到最少。

我为他们做出的决策和采取的行动感到佩服，毕竟长时间以来形成的生活习惯是不容易改掉的。而且他们也有相当的勇气和忍耐力，愿意等到孩子睡着以后再讨论政治、工作、各种关心或担心。一开始，真的挺难的，夫妻俩时常互相提醒对方。慢慢的，这些新的改变逐渐成了一种新的家庭生活习惯。夫妻二人发现，他们的晚间谈话品质大大提高了，因为他们谈论的都是纯粹的家事，为此，他们都很感谢这段时光。

短短两周之后，詹姆斯的父母就注意到了孩子的改变。他不再那么焦虑了，睡眠也改善了。他开始想做一些以前完全不会有兴趣的事。一开始，他们还不相信这么简单的方法就可以改变孩子，但随着时间一天天地过去，孩子的状况越来越好了。当时正是春天，天气非常好。由于空闲时间越来越多，孩子开始自己建东西、抓蚯蚓、挖洞等。三四周后，詹姆斯的老师也跟他父母反馈说孩子有了很大的改变。随着孩子户外活动时

间的增多，玩耍时间的延长，奇怪的挑食奇迹般地消失了。他开始和邻居家的孩子们交往，而且还有了一名好朋友。从那以后，我与这个家庭一直保持着联系。詹姆斯在9岁时交的这个朋友后来是他的至交。现在，这两个男孩都已经20多岁了，仍然保持着当年的友谊。

如此巨大的改变是否完全归功于家庭环境的改变？还是没有电视的结果？或是少谈时政要闻的功劳？是否可以准确地指出是哪一件事的功劳？答案可以说“是”，也可以说“不是”。实际上，我不认为是某件特定的事消除了詹姆斯的紧张和稍带强迫症的行为，但是这些保护詹姆斯童年的各种方法综合在一起，确实影响了詹姆斯和他的父母，这么说吧，也许是诸多量变最终引发了质变。家庭的环境改变了，日常生活与情绪气氛也都随之改变。父母对“做父母”这件事有了一种新的感悟和觉醒，这种觉醒又支持着他们继续作出努力。父母认识到孩子并不是必须要知道他们所知道的一切，或是必须在乎他们所担心的事。并且最终明白如何在保护这种“不同”之下，给孩子创造更加自由的空间去让他享受快乐的童年。

简化孩子的“世界”，是为了给他们的积极改变与成长铺路。这在现代社会中更加重要，因为我们现代这个世界，特性就是“太多了”。我们的每个人的日常生活和家庭，都是建立在这**“四多”**之上的：**“过多的物质、过多的选择、过多的资讯、过度的快速”**。在这种程度的忙碌、分扰、压力、杂乱和拥挤（包括肉体与精神方面）之下，孩子们所需要的、对他们自己和童年世界的探索都被剥夺了，他们没有时间，也没有足够的空间享受本来快乐的童年。因为这种“过多”的压力成为一种常态，我们只能通过让自己加速来适应它。于是，“过多”的怪异反而变成正常的了。这就像我前面所讲到的青蛙，我们所在的游泳池，水温持续缓慢增加，而我们不断地去调整自己适应这种温度，那么，当池水滚烫时，我们怎么会有跳出去的欲望呢？

我相信，“保护孩子”这种全天下父母的本能就是推动我们去改变的动力。带我们离开社会洪流的动力，就是我们“保护孩子童年”的这种欲望。有时，就算我们内心的声音被过多的紧急事务和各种责任压制住了，身为父母的本能仍然会帮我们喊停，我们会停下来，或多或少，根据每个人的生活步调快慢的程度而有所不同。我们会开始怀疑这么快的生活步调给孩子们带来什么样的影响。**当“我们梦想中的童年”和“孩子们的真实童年”之间的巨大差异摆在我们面前时，每个父母内心的警铃都会响起。**

加拿大记者卡尔·霍诺雷就是一个实例，他因此在2006年出版了一本书叫做《赞美慢生活》。他承认自己是“速度狂”，他就是在这种巨大的警醒之下而决心写这本书的。有一次，他在机场看到一套书叫做《一分钟睡前故事》。他马上有一种立即买下这套书，并且立刻寄回家的冲动。因为，他想起每次给孩子念睡前故事时，两岁的孩子都会说：“爸爸，再讲一遍呗。”而每当这时，他满脑子都是没有回复的电子邮件和其他需要处理的事情。“一分钟”这三个字看起来太有吸引力了，有了这套书，是不是每次讲几本就可以应付了事？不过，很幸运，他马上就有一种感觉浮现，一种醒悟与负疚感，就像我们大多数人一样，感觉到**“难道我们在这种疯狂忙碌生活中，已经到了连孩子的小小要求都要想方设法来应付的地步了吗？”**这样做，对我们的孩子将会有什么影响啊？

## 我的一点儿拙见

你们是不是都曾有过这种醒悟感呢？反正我有！很多家长都会经常面对我们所爱的天使提出来的一些很简单的要求，然而他们的要求似乎都来自一个遥远星系中一颗名为“缓慢”的星球上。比如，两三岁的孩子会让你一遍又一遍地讲述一个很简单的故事，七八岁的孩子则会在看完电影以后不停地念叨着电影的每一个细节，讲起来比电影本身的时间都长。每当这时，你的脑袋里想的是什么？那些好不容易安排出来的时间表？好不容易抽出来的时间？你是不是每天早上都希望孩子分秒必争地收拾好，然后匆匆送他上学，结果他总是有鞋带系不上，或者扣子扣错了，或者头发乱七八糟，或者临出门忘了拿书包……于是，你顿时有火冒三丈的感觉？

**很简单**

经过简化，我们才能保护孩子们童年时期所必需的、缓慢的成长环境，他们在这样的环境里才能很好地“发现自己”。

写这本书的灵感来源于我的职业，比起霍诺雷在书店得到的“启示”，我的这些拙见是在长期的工作中总结出来的。有些遗憾的是，我花了十多年的时间才总结出这些对广大父母如此重要的东西。我二十七八岁的时候，在澳大利亚接受完社会服务的培训之后，投身到亚洲的两个难民营做志愿者工作。一个在印尼雅加达，一个在柬埔寨边境地区。

雅加达的难民营非常大，容纳了十几万因为政治问题而流离失所的人，难民营里的运作就像乱世封侯，有王侯与爪牙，由恶势力所统治，还有很多“小”王侯到处收取保护费。可以说是污秽之城，人们用硬纸板、铁皮和塑料板来搭建临时的庇护所。为了避免踩到满地横淌的污水，大家都走在木板条上。

在这里，大多数人从不知道其他的生活方式，他们的生活充满了不舒适、疾病、恐惧与危险。几乎没有什么安全或舒适，在这里，生存是第一要务。可以说，这些难民真的是一无所有。让我感到难过的是，这里的孩子们，有很明显的“创伤后压力症”（PTSD）。他们都很神经质、紧张、警觉性特别高，对任何新奇事务都抱有敌意，非常小心。许多孩子每天都有一套固定的巡逻轨迹，比如，以一种特定的复杂方法在迷宫般的难民营中走一圈，因为他们认为这样会保护他们的安全。他们不信任新的关系，不论是和大人还是和小孩，很多人都极度易怒。

离开亚洲后，我来到英国，在那里完成了华德福教师训练。从那以后的许多年中，我都在学校任职，也利用业余时间做家庭顾问，帮助家长们诊断孩子是否有“注意力缺陷失调”，“注意力缺陷过动失调”，“执著强迫性失调”和“反叛挑战性失调”（ADD，ADHD，OCD，ODD）。这些听起来很可怕的失调症，在今天的社会中相当普遍。实际上，这种情况是我们一手造成的。

上世纪90年代早期，我还在学校任职，在伦敦西区有个咨询办公室。到我这里咨询的孩子来自五湖四海、各个阶层，有英国人，也有移民，有来自工薪阶层的，也有超级富豪的孩子。在我看过的很多孩子身上，都表现出过度的控制欲，不仅在与父母的交流中，对周围的环境甚至玩伴都是如此。最常见的就是睡眠和饮食。这些孩子也许只吃一两种东西，其他都不吃，有的孩子很晚才肯入睡。非常易怒，而且通常是爆发性的。父母通常不知道他们为什么发怒。而且我在这些孩子们身上看到了紧张。他们很容易被吓到，而且很难恢复平静和放松。他们对新事物很抵触，不论是学校的新教材，还是生活中的新面孔，或者任何对原有计划的改变，甚至是日常生活表的小小变更。我还记得，有一个孩子完全拒绝和父母去度假。他从来没有去过海边，因为他担心那种景色会吓到自己。

慢慢地，我发现，对这些孩子的治疗办法竟然和我在亚洲难民营中的完全一样。当我客观地思考时，我发现无论是方法还是目标，都和我在亚洲时一模一样，于是，我有些震惊了：这些孩子，这些西方富裕国家的孩子，竟然有着和“创伤后压力症”一样的表现。

过去，我所受的职业训练告诉我，“创伤后压力症”是和“大型战争”或是某些改变生命常态的“大伤害”连在一起的，这也在我所服务的区域内得到了验证。我从没预料到在这个相对来说，又富裕又稳定的英国会见到“创伤后压力症”的孩子。然而，不得不承认的是，事实确实如此。最让我惊讶的是，这些看似天南地北、不同种族的孩子们，竟然表现出类似的问题行为。经过无数次的案例证实之后，我再也无法忽视我的直觉了。在确定症状和行为之后，我逐渐弄清楚了造成这种现象的罪魁祸首。当我深入观察这些孩子的生活之后，我明白了，这些孩子和亚洲难民营的孩子一样，**他们童年的尊严和权利都遭到了无情的侵犯。**成人的生活毫无防范地渗透给了孩子。他们参与了父母的恐惧、欲望、野心和极快速的生活步调，孩子们的怪异行为是在试图为自己建立起保卫的界限，但是结果却并没有什么帮助。这些生活在发达国家的孩子也活着在“战争”中，一种秘而不宣的、对童年发起的战争。

### 很简单

我们的社会，正在用“太多”所产生的压力对孩子们的童年进行一场未经宣告的战争。

如果你想在孩子的生活中去可以寻找能给孩子造成伤害的明显事件，你可能会失望。你也许会认为是他们童年早期发生了什么有伤害性的大事件才造成他们有这种紧张和不信任的反应，以及易怒和高警惕性。但是，你错了，我经过多年的努力，终于明白，只需要那些小小的、持续的压力和不安全感加起来就够了。这些小压力不断累积，最终让孩子心里“感觉”到必须要采取行动，于是，各种怪异行为就出现了。

心理学家非常爱用缩写名词，所以我就再加一个吧！就是我所见所闻的：“累积压力反应”（Cumulative Stress Reaction，CSR），这类似现在被美国心理学会（AAA）称为“复杂创伤后压力症”（complex post-traumatic stress disorder）。

心理学家也开始认识到我所见到的特性与行为：高警觉性、紧张、焦虑、缺乏愉悦感、缺乏对冲动的控制、缺乏同情心、缺乏对未来的展望等，在孩子累积了足够多、足够频繁的小压力之后会变得更糟。这种持续不断的压力可以导致“创伤后压力症”症状的出现，这就是“累积压力反应”。

累积压力反应描述了一种对持久存在的小压力的反应，这种压力虽小，但一直长期存在，从未消失。请注意，这里我说的压力，不是现实生活中那种程度的压力。我也不是说小孩不应该受到任何压力。小孩会有压力，也必须受到一定的压力。小孩需要体验挫折，还有疾病、悲伤和失去。他们的生命中不是一点压力也没有。童年也不可能全是由美妙时刻组成的。比如，6岁大的孩子会时常梦想自己是有超能力的超级英雄，结果从后院的树上掉下来才发现自己原来不能飞。从树上掉下来，左臂骨折，不得不被送到医院去。这种在童年时常发生的意外，在当时是非常人的压力。不过，第二天，大家对此口口相传，最后就变成了一个有关勇敢、有关坚强与英雄的故事，孩子就忘记了疼痛，压力也随之消失了。

“累积压力反应”中所说的压力和它的频繁程度，与孩子们日常生活中会经常发生的、正常的压力完全不同。在日常生活中，孩子的幸福就像跷跷板。压力像是跷跷板一端的重物，一旦把它拿走，跷跷板就回到平衡点。玩耍时擦伤的膝盖，与小伙伴的争吵，感冒了在床上躺五天等这些小磨难都可以增强孩子的韧性与他们对自己能力的感知。这些都是“必需的阻力”。无论是家长还是孩子，在生活中都必须受到一些阻力，这样我们才能教会他们如何应对麻烦，如何继续走下去。这些压力也许会令人担忧，但如果我们能够帮助孩子正确认识和正确处理，它们其实是完全无害的。真正有伤害的压力是指那些过大，或者经常出现，无法“走过去”的压力。如果我们（或孩子们）的能力无法与之抗衡，也就无法了解或者处理它，可怜的小家伙们就会卡在重复的压力反应之中。

“累积压力反应”的特点不在于压力的严重性，而在于它的一贯性和频繁性。这种压力的累积对孩子的心理与行为有什么影响呢？据我多年的经验，这些小小的压力综合之后，会蚕食掉孩子养成韧性的能力：不论是心理上、情绪上，还是肉体上。它们干扰了孩子的专注力、破坏掉了孩子情绪的自我调节能力以及安全感。对专注力的破坏，影响不仅仅在眼前，更将影响孩子一生。

我也越来越清楚地看到这种压力已经变成为我们所谓的“日常生活”，而且开始围绕着我们孩子的生活，很不幸，因为他们的生活与我们大人的生活没什么不同。他们也沉浸在与我们一样的世界中，这个世界充满了媒体、琐事、复杂、资讯超载和时间压力。

**很简单**

现代社会，我们日常生活的步调与孩子们童年的步调之间的差异越来越大了。

这是一种很令人沮丧的情形，真的，一想到孩子们的童年受到了攻击，而且还很难对抗，我就感到心疼。但是，我并不认为这种攻击是有意识的。并不是有某个“恶人”，或者某种恶势力故意如此。无论是大烟厂、大食品厂，还是笼罩一切的广告公司，向8岁小孩促销游戏机的科技玩家……要怪罪哪一个？真的，或者哪个你也无法怪罪。我不认为有任何人故意为了破坏孩子们的童年而兜售这些东西。

但是，现实社会里，我们每个人都默默签署并且认可了这样一条定律：越多、越大、越快就是“越好”。我们甚至把这条定律当作一种求生存的方法来实践。也许最初，它并没有什么错误，然而，随着社会的发展，让它从一种求生存的方法变成威胁我们美好生活的原因了。

我们的房子越来越大，东西越来越多，资讯越来越丰富，但是，我们反而越来越忙碌，睡得越来越少，过得越来越不好了。根据一项消费者研究团体的调查，美国小孩开始使用主流科技的小玩意，比如手机、mp3播放器、DVD播放机的年龄是六七岁。当我们的世界不断加速，我们不仅把孩子们拉进来，也把我们对速度的焦虑感转移到了他们的身上。你是不是一直处在赶时间的状态中？觉得很多事情要去充实、去改善、去更先进或去竞争？虽然十月怀胎不能加速，但只要孩子一出生，他的童年似乎就成了比拼速度的竞技场。

想知道社会对孩子们童年的入侵有什么影响，只需要看看人们对于睡眠的态度就知道了。大部分人都同意7至8小时优质睡眠是必需的。但是，我们当中的大部分人却依然认为晚上睡得少，白天又精神的状态是最理想的。有的人甚至感觉睡4个小时就可以了。有些人为了应付繁忙的工作，甚至向医生寻求促进不眠的药物。

除了标记了我们醒着的时间之外，睡眠有什么用？除了标记了我们的成年开始之外，童年有什么用？其实，我们不睡觉就会死，所以这个问题并没什么意义。不过，科学家们仍然争论有哪些事是只在睡眠时才会发生的。有人觉得睡眠会帮助维持脑部均衡。免疫系统若没有睡眠就不会正

常工作，我们也知道缺乏睡眠会影响讲话的能力、记忆力、创造力、思考力。剥夺老鼠的睡眠，它们会在17天至20天内死亡。

当睡眠被剥夺时，人们就记不住清醒状态下学的东西。身体功能也会有所影响，免疫力下降，开始生病。大家都知道这些事实，但是，仍然有很多人认为睡眠太耽误时间了，仍然致力于研究怎么能有效缩短睡觉的时间，想办法要回那在1/3沉睡中“失去”的时间。同样，在竞争残酷的现实社会里，大家好像都在问“童年有什么用？”“直接跳过可不可以？”“我们是否应该让孩子们尽早准备好，以应付将来的成人世界？”

**童年有它自己的神秘过程，有它自己的独特步调。**当我们要求孩子们“跟上”快速的世界，其实是在无意识中伤害他们。我们剥夺了他们成长所需要的时间和空间，让他们无法获得“幸福感和韧性”，而这些正是他们将来进入残酷的成人世界时最需要的东西。当然，我也诚挚的相信，**身为父母，我们可以做许多事来保护孩子们的童年。**

**很简单**

受保护的童年让孩子能缓慢地发展出他们自己的个性、幸福感和韧性。

我最近做了一场演讲，途中在车上也听了一场对全球变暖的报告。詹姆斯，那位先前提到的小大人儿，已经教了我不少这方面的东西。我一边开车一边想，当问题排山倒海地向我们袭来时，很多人的第一反应通常是带着焦虑的情绪急着去解决问题。比如，我们听了一次环保报告会，就开始急着去家居用品店买回收垃圾桶，用节能灯泡，发誓从今天起只买有机棉的衣服给孩子……我们急于开始做个环保人士，当然还要将臭氧层的破洞堵起来！然而，如果我们的动机不是焦虑，而是真正的慈悲之心，是想要保护地球的欲望，那么我们的行动就会更持久。

我再举个例子，有一次演讲时，有一位先生，一定是他老婆强迫他来听讲座的。演讲结束后，我们恰巧站在一块，他对我说："您讲得真好。"不过，接下来的话让我怀疑他到底有没有听我说了些什么："真是引人深思，我是哈佛毕业的，我怀疑我的孩子，能不能追随我的脚步，他注意力不够集中啊。我回家马上列一张简化一切的单子。他明年就要考高中了。您觉得这点儿时间能让他转变吗？"瞧瞧他的动机，他忽略了我的核心观点。这种抱着焦虑感的、急于求成的行动通常无法持久，很难带来真正的改变，更别说大的转变了。简化的重点不在于改善孩子的考试分数，而在于为了让孩子过得更好，孩子的幸福才是我们的最终目标。如果我们努力的目标是保护我们天使们的童年，可以想象会有多大的动力与鼓舞啊！童年是个重要的环境，有它自己一套系统，一套自然的过程。然而，我们保护孩子的过滤网上已经被社会这把刀戳了许多洞了。

不过，好消息是，身为父母的我们可以做许多事来保护孩子的童年环境，有许多方法可以重新铺一层过滤网，阻止成年生活的快速和压力毫无限制地灌入孩子们的家中、脑中和心中。我总结出的这套简化方法已经实施了多年，我已经看到这套方法对重建孩子的轻松感与幸福感是多么有效。它转移了家庭这艘船前进的方向，让家庭的日常努力与你最初的梦想一致，而不是背道而驰。

在我们具体讲解每一个简化层次之前，先来概说一下整个过程。我会先将你带入一个自我评估体系，问你一些我请其他家庭考虑过的问题。**简化由梦想开始，这是为了让你带着希望前行，而不是在恐惧中开始行动。**我们要怀着对童年的尊敬之心来做这件事，而不是对我们这个时代的痛恨和恐惧。卡尔·山伯格曾说："有梦想才会有一切。"这里也不例外，对家庭

的梦想就是你的动力，它们将会带你飞过整个旅程。

## 过程：希望与梦想

来找我咨询的家庭，孩子大多有行为方面的问题。家长之所以想到了到我这里咨询，是因为孩子们已经出现了怪异的行为，他们才意识到有不妥之处。而这就好像发疹子，小小的疹子只是更大、更深层疾病的外在表现而已。如我在简介中提到的那样，你可以从一个家庭的日常生活中看出许多事情，包括了“这个家庭最看重什么”。为了弄清楚一个家庭到底哪里出了问题，我通常会让他们选择数月的全家疗程或是让我去他们家拜访一整天。这两种方式都能让我足够了解这个家庭。有趣，但并不意外的是，大部分人听到这个提议之后，都会紧张地互相对视，然后选择到我这里来进行全家疗程，而不是让我到他们家拜访。当然，有人“侵入”你家一整天，从早起到孩子上床睡觉，这确实有些别扭。

其实，我在人们家中做观察的过程并没有父母们想象的那么令人难过。当有家庭选择这个方法时，我就花一天记录这家人一天的活动，我也许和孩子玩或者帮忙洗盘子。我通常会带一些小工作，比如自己修点儿东西，让我融入其中。我只是在那里静静观察，不会像监工一样让人难受。有时候我也会跟着家庭成员去工作的地方或者学校里看看。这有助于我了解他们。

观察结束之后一两天，我就会和这些家长见面，来进行“访后会谈”。这时，我通常用些有趣而感人的家庭价值观开始话题讨论。但是，我“不是”灌输我的家庭价值观，而是听这对父母本身对家庭的看法。比如，他们在有孩子之前，对家庭的想象是什么样子的。在让他们往前走之前，让他们回顾一下曾经的梦想是很重要的，这能帮助他们重新找回心里最中心、最珍爱的那些希望和景象，这就是带领他们进行未来工作的动力。简化会大大地帮助他们找回这些梦想。

我最喜爱我太太的一张照片，当时她怀了我们第一个孩子，坐在摇椅上看着远方深思。很明显她是在想着未来。每个人都有这些愿景，这些梦想，理想中家庭的样子。你会想象孩子长得什么样啊？你想象自己应该怎么做父母？毫无疑问，你也会想到你自己的成长过程……这其中会有你希望模仿的，也会有你想要避免的。

身为父母，我们通常无法达到理想中的状况。做父母就是身历其境，不是旁观看热闹。我们也许是家庭每日生活的建筑设计师，但是对一些不断在改变、成长的东西，实在很难规划。有了孩子，你没什么时间去想什么理想了，许多父母会惊讶地发现，他们离当初的梦想有多远。

虽然某些细节可能不够实际，但你对家庭的梦想是有意义的。它们当时有“意义”，现在依然有意义。它们会告诉你，在承担建立家庭的大任之前，什么是你最珍重的东西。当时鼓舞你的东西现在仍然可以鼓舞你，它必须如此。家庭需要注入新的希望与想象。很奇怪，很多人去寻找新的“意义”，好像一定要是“新的”才有意义，而事实上，**那些我们已经知道的东西，曾经梦想过的东西，才是事情的核心所在，后来的新意义只有建立在最初的梦想之上，才能不偏离航向。**

### 很简单

就像任何艺术，家庭也需要不断注入新的鼓舞、新的希望和想象力。

你还记得自己曾经把所爱、所仰慕的某些特性嫁接到未来孩子的身上吗？你是否还记得自己对家庭成员的想象，比如孩子们高矮不同，长相各异？你一定想象过一家人共进晚餐，一起玩游戏、送孩子上学、做家事、抚慰孩子的悲伤、给孩子讲故事、为了小小的胜利而庆祝等共同生活的片段吧。你想象着孩子的生日与假日等大日子，孩子走出第一步，说第一个字，第一天上学。你也看到了一些日常琐事：坐在床边讲故事，给孩子系鞋带，和孩子一起分享欢笑，剪纸、做手工，一起看球赛……

一家三口相互依靠，住在不大的房子里，却充满欢笑，有足够的空间，有特别的味道，这才是一个家，也许你拗不过孩子，还给她养了宠物。一家人其乐融融。这就是你梦想中的家吧。

但是，在这些梦想中，你看到过地摊上乱七八糟的杂物和到处都是的玩具吗？不可能！而这就是你的“家庭生活”梦想中“忽略了的细节”。很多到我这里来的家长，都说他们想象中的家与现在的家相去甚远。这种差距，其实并不仅仅是因为你忽略掉的细节而已，还包括了最基本、最基础的东西。我还记得一位妈妈几乎快要哭出来地说：“我从没有想过我要如此奔波才能满足生活的开销！有时我觉得我和孩子的教练、横笛、舞蹈老师、家教之间的关系比孩子还深。”她已经找不到当妈妈的幸福感觉了，完全变成了一个管理孩子琐事的保姆！

有位父亲在我演讲后，将我拉到一边，在小谈几分钟后，悄悄地对我说：“你知道真正令我惊讶的是什么吗？我从没想到会这么困难，这么耗尽精力。我知道会有冲突，我预期会有许多冲突，特别是当孩子青春期时。我小时候也跟父母顶嘴。但是，孩子才7岁，我们的关系就如此紧张了，等他青春期的时候，不知道要变成什么样子？每一件事都要商议，每一件事都要谈到谈不下去。他就像一个小律师。我从未想象到要这样针锋相对，一天要与一个7岁的孩子争论、商议十次！”

“我们从没想到会变成这样。”这是我听过最多的一句话。这好像是所有家长的心声。很多父母会讲他们的梦想，他们不但在心中有影像，也曾走向目标，家庭曾在正确方向上走了一阵子，后来就出轨变样了。“一切都变得很疯狂”、“本来不是这样的”、“完全失去控制了”！

当我们回想最初的梦想，我们没有想到会要为家庭的生存而奋战。做父母好像在打仗，每天面对各种压力，一直处于战斗或者逃跑的状态之中。忙忙碌碌之中，交流少了，家人好像变成了陌生人。

**很简单**

我们的日常生活确实会与我们对家庭最初的希望和梦想脱节。

我和这些家长们的交谈范围很广，非常感人。但最终的论题都是：“需要做些什么，才能重新找回对家庭的希望与梦想呢？”显然，他们没有忘记最初的梦想。不过，让大家痛苦的是，梦想与实际之间的差距如此巨大。

那么，对于你家而言，哪些梦想是你们能够做到或者通过努力能够重新做到的？要记得**“有梦想才会有一切”**。你是否能够重新抓住一个能适合所有家庭成员的大梦想？你是否能重整旗鼓，再次为当初对家庭的希望而奋进？

对于那些来我这里咨询或者我到他们家家访的家长，我都会问他们以上的这些问题。此外，在考察完这个家庭之后，我还会问他们觉得在我家访的这一天当中有没有什么不寻常的事情发生。有趣的是，几乎所有的家长都会说，我所看到的这一天是他们“当父母以来最糟的一天”，然后才会提到其他常见或偶发的问题。然后，我会和家长们一起来好好检查一下这一天，特别关注一下那些让人感到不舒服的事情。有的时候确实有一些特别的事情，比如，孩子甚至没有办法安静地坐好吃完一顿饭。同时，我们也会共同设定一个大概的范围。此时，我们已经探讨过他们对家庭的梦想，然后要开始探讨担心和关心的事，**在梦想和担心之间的就是答案——那个将梦想带进现实、简化开始的地方。**

父母有时会觉得问题排山倒海，不知道从何处下手。有时纵观一天中所有的问题和冲突，会发现有些时刻问题特别多，比如吃饭和睡觉的时候，这种集中爆发通常不是事件本身的问题，而是孩子长时间积累的压力爆发的结果。当家长们对家庭生活进行简化之后，在家中增加“节奏”与“可预期性”之后（第四章中会讲到），他们自然而然地就会学到如何设置一些“解压时刻”——在一天中带来些许平静的小安全岛。

一开始，我所做的就是给家庭把脉，看看这个家到底怎么了。眼前的家和我们对家庭的预期有什么不同？怎么做才能变得更好？这一点大家都能够做到。然后，如果你够客观，能跟我一起好好观察，你就会发现家里发生了哪些不寻常的事情。比如，孩子的脾气突然变坏，拒绝合作，其他乱象的发生等等。

首先，**要认识到问题的存在，而不是急着去解决它，这是非常重要的。**同时，看看我们的日常生活和所作所为，哪些是符合预期的，这也很重要。弄清楚为什么在这些领域中我们能够做到符合预期，也很重要。在我和这些家长们谈心的时候，首先谈论的是他们最关切的事情，然后，我们会一起往后退一两步。这样做的原理，就好像按摩师不会直接按摩你身体上最痛的部位，而是先放松这个部位附近的肌肉，放松之后再来解决最疼的部分，效果才是最好的。对家庭问题的治疗也需要如此，这样才能做到根本的改变，而不会发生反弹。

## 过程：从哪里开始

要想做出改变，我首先关注两点：哪些“重要”以及哪些“可行”。然而，实际上看起来最重要的都不是最可行的，而最可行的才是真正的着手点。如果你把许许多多的可行之处都做好了，最终，最重要的也会随之解决，而一步步的成功会激励着你继续作出改变。

要想达到理想的家庭状态，必须先找出那些不符合这种状态的地方。家庭，是由人组成的，家庭关系可不像人和机器之间的关系那么简单，不是各自待在自己的房间就可以的。童年不是赛跑，不能用比赛的方式为成年积累物质和压力。**简化吹响了改变的号角，为转变腾出空间，是对光明未来的一种邀请。**

### 很简单

简化吹响了改变的号角，将我们的日常生活重新调整到与希望相同的起跑线上。

在帮助家长们重新认识到他们对家庭的梦想之后，我们就会研究出一套适合他们家实际情况的简化方案，一套能够切实执行的方案。简化能帮助他们腾出改变的空间，将日常生活重新调整到与他们的希望一致。有人说，要是能开一辆垃圾车来家里把所有不要的东西都丢掉就好了！很不幸，简化可不是这么容易的事儿。想要治疗孩子们精神上的超载，不能像把柜子里塞满的东西倒出来那么简单。在这本书里，我会让你逐步逐步地进行简化，一层层剥掉压在孩子身上的重负。在每一个简化层次，都有一些简单的“丢弃”和“削减”。我会和家长讨论四个层次的简化：环境、节奏、时间表和过滤掉成人的世界。我们会说到每一方面，并讨论具体哪一个层次对这个家庭最可行。有些父母想直接进入较难的“时间表部分”或者立刻“过滤掉成人的世界”，而有些家长比较谨慎，会选择从“减少玩具”开始。像我之前强调过的那样，**欲速则不达。**通常，设定中庸的目标反而容易接近成功。大部分家长都能很快找到简化的入手点。下面我列举一下玛丽家的故事。玛丽的妈妈选择先从家中的环境开始，我建议你也可以从这一点开始。她家的故事比较典型，很有说服力。

玛丽是个聪明、有活力的5岁孩子，我认识她父母时她才刚上幼儿园。为了照顾她，妈妈请了无数个保姆，但没有一个能管住她。大家都说玛丽是个“难带的孩子”：太活跃、不专心。很明显，有注意力难以集中的问题。在上幼儿园之前，玛丽的父母曾将她送到小的托管中心，但是，两个月之内，就会被告知：请把孩子接走！

玛丽的父母是“好好父母”，试着尽量为玛丽提供一切。两个人都是繁忙的上班族，有着忙碌、狂热的生活，他们甚至没有时间到我这里来咨询。在初次会面时，我一眼就看出了他们对玛丽这种“不断地转园”有多么担心，而且有着强烈的挫败感，觉得自己当父母很失败。

经过探讨，我们一起为他们家指定了一套简化方案。他们决定由家中的环境开始，首先是简化玛丽的房间。如果说5岁小孩平均有150件玩具，玛丽至少有超过300件玩具。她的房间塞满了书，有的在书架上，但是大部分是堆在地上，堆得像高塔一样。房间里只有几条小道可以从门口走到床边，其他地方到处是书、玩具和衣服。她的父母说他们经常定期清理孩子的房间，虽然工程量很大，但是过不了几个小时，很快就变得乱七八糟了。

马丽家的这种情况非常普遍，大多数家庭都是如此：玩具堆积如山，到处都是。然而，大部分孩子们的家长甚至从未注意到这个问题的严重性，也从来没有真正整理过。

现在，我们就拿一个黑色的大塑料袋开始清理吧。我建议慢慢来，先放一半玩具到袋子里，然后剩下的再减一半。在整理的过程中你会发现，有些玩具是你早就想丢掉的。那是很久很久以前别人送的玩具，缺少关键零件，不能玩了，但是你还是会担心孩子是不是会突然想起来，或者送玩具的人，比如爷爷奶奶等，会突然问到，丢了是不是不太好？我可以向你保证，奶奶不会记得那件玩具了，只记得送给孩子时心里的喜悦。孩子呢？孩子早就忘记这件玩具了，你没看到玩具上的灰尘吗？

经过一番收拾，我们就把堆积如山的玩具删选得差不多了，只留下那些孩子最喜欢玩、玩得最久的玩具。那些复杂的玩具或者电动玩具其实最不应该留着，因为**它们会夺走孩子的想象力。**而那些简单的，陪着孩子入睡的玩具，是绝对不能丢掉的，这没什么商量的余地。具体点说，哪些玩具值得留下呢？**培养孩子动手能力的玩具：**建造、挖掘、拼插类的；**培养孩子爱心的玩具：**娃娃和毛绒动物玩具。**以及培养孩子创造力的玩具：**水彩、蜡笔、黏土等。一些角色扮演的玩具，如洋娃娃、骑士、毛绒玩具动物，建筑用的玩具、房子类的，可以让孩子想象自己当这些角色或是有身在其中的感觉，是有必要留着的。

接着，再来看看孩子的书。把所有的书都收起来，只留下孩子近期最喜欢的一两本书。有些对孩子读书能力感到骄傲的家长看到这里，一定会表示惊讶，他们会说："我们家孩子一次能读五六本书呢？"我们这样做的目的不是鼓励孩子不读书，而是腾出时间和空间，**让孩子能真正专心地享用他们在那一刻读到的那个故事。**我曾经接触过一个非常聪明的8岁男孩，刚开始谈话的时候，他宣称："你知道吗？我刚刚看完……"一口气说出十多本书的名字，我问他："很不错啊，那么，哪一本是你最喜欢的？"他的回答是："噢，我不知道。""为什么呢？"男孩很无奈地答道："它们都差不多啊！"

所以，玛丽的妈妈用几个大篮子将玛丽的玩具收拾了不少。剩下的都是最爱的、最简单的：玩偶、建筑用玩具、珍爱的睡前玩具、一些厨房类玩具和球。因为很多玩具都坏了，或者缺少零件，所以我们大约丢掉了一半左右。其他的都放入储藏室。存起来的玩具就像玩具图书馆，拿出一件就要放进去一件，保持孩子每天玩的玩具数量。书也是这样，把多余的书收起来，贴上标签。留下五六本最爱，整齐地放在玛丽床边的书架上。

我们并不仅仅是拿走玩具，也小心地加入一些。比如，我们在其中一个玩具篮里放进一叠亮丽颜色的布料、绳子、彩色布夹。我们给玛丽准备了一张适合她大小的桌子、大的画图板和一盒大蜡笔。我们还给她的娃娃准备了几套装扮角色的衣服，洗好，叠起，放在一个篮子中。

你也许会认为玛丽对这第一次走进这个房间的时候会因为玩具都不见了而被吓到。事实并非如此，结果恰恰相反。她根本没注意到或根本不在乎四分之三的玩具和书都不见了。她喜欢新的空间、“新的”玩具。她用那些布和布夹“盖房子”盖了好几天，盖好房子后蜷在其中，将枕头放进去，有时放一本书或一个玩偶。她就这样玩了两个礼拜，乐在其中。每天，她都能用这些东西变化一些新的花样，所以每天下午，在赞叹玛丽的创造力之后，玛丽的妈妈会和玛丽一起拆掉它，在折布时一边聊天、一边取掉布夹，将东西放回篮子中，准备明天再用。

这只是简化程序的第一步。不过，这第一步，对玛丽房间的改变，给出了一个巨大变革即将到来的信号，一种会扩展到全家日常生活和空间的改变。这种改变也绝对不是为了“收拾干净”而已。这是一种有意识的行动，是为了让家走上一种更有规律，更以孩子为中心的模式。当然，我的意思并不是说“这个家中的一切事务都要以孩子为中心”，我的意思是：“这个家不能完全以成人为中心”！因为有些东西放在家庭里，大人也许可以承受，但孩子不行，于是就会出问题。

孩子是典型的感官动物。他们完全活在感官世界中，如果他们看到东西，他们会想摸摸看、闻闻看，也许吃吃看，也许丢丢看，感觉一下放在头上怎么样，听听看，也可能将它扔到水里看看。这些行为都是非常正常的。当你觉得他精力充沛的时候，恰恰是他开始探索这个世界的时候。但是，请你想象一下，当每一个桌面、每一个抽屉都塞满了东西的时候，孩子们的感觉如何？太多的选择、太多的刺激就夺走了他们的时间和注意力。太多的东西让孩子们不自觉地感到紧张，剥夺了他们深入探索周围世界的动力。

**很简单**

给孩子太多的东西，就等于剥夺了他们的时间和深入探索周围世界的动力。

这些年来，很多和我打交道的家庭都发生了让人惊讶、令人感动的转变。这些看上去非常简单的原则逐渐融入了这些家庭，让家中的氛围和家人间的关系发生了戏剧性的转变。简化，能让家庭这条大河中的拥堵点变得通畅，让河流奔腾不息。

# 改变

在我刚开始做简化法咨询的时候，我所见到的家庭转变是我以前从未见过的。但当我把这种简化法变成我的主要工作内容时，我又有些孤立无援的感觉。因为这种方法既不是来源于学校的训练，也不是来自于我当心理辅导员时的工作。我所受的训练和学业很复杂，但我所总结的这套简化法却并不复杂，而是非常、非常的简单。

大约10年前，我开始正式从事这项事业，口口相传之后，我的私人咨询所迅速发展壮大。现在，人们给我起了个绰号："垃圾袋医生"。你觉得这名字不好？并非如此！事实上，我就像垃圾袋一样，把问题家庭中的情感垃圾统统带走，还给每个前来咨询的家庭一个完美的空间。

慢慢地，我的这种方法被很多其他地方的同行所采纳，他们发现，将我的这种方法融入他们的方法中之后，效果更加明显了，而且持续时间更长了。

我所做的一切工作，与其说是疗法，不如说是一种准备工作，为了让改变发生，准备好它所需要的空间。简化法保护了童年时期所必需的、缓慢发现自我的环境。无论是外在表现，还是内心状态，我们所见到的转化都是十分明显的。

其实，所有的孩子都是古怪的，难道不是吗？大部分的父母都会对这一点立刻点头同意。实际上，我对我自己的孩子有点抱歉，因为他们说心理治疗师的后代是所有孩子中最古怪的！真相是，我们都有古怪之处，都有自己的个性和自己的特质。我们会对大人的这些古怪特性有较高的容忍度，也许因为我们认为大人已经定型了，而孩子们还在“建设中”，所以有可塑性。

**很简单**

所有的孩子都古怪。

为什么要简化？这些年来，我的经验告诉我，孩子的古怪程度或倾向会在“压力的积累”下加剧。我亲眼看到有的孩子因为高度的紧张压力而由正常的古怪尺度变成了“失调”。如果我有个大黑板，我会写下这个公式：“怪+压=失”。就是“古怪+压力=失调”。这种情形，在我们这个急于给别人贴上标签的社会中，是非常令人担心的。

古怪 + 压力 = 失调

有些想象力非常丰富的孩子，是自然界的精灵。他们的个性有些梦幻，很有创造力，像个小小哲学家，他们可以没完没了地讲述环游地球一周的故事。而且每次还都不一样。这样的孩子，在度假时会是非常棒的伴侣。但日常生活中，妈妈们恐怕就难以忍受了。比如，每天早上都慢慢吞吞地，上学总是迟到。如果这时候，大人们再给他一些生活上的压力，很容易变成那种注意力难以集中的 “注意力缺陷过动失调” 类型。因为，他们对压力的反应就是“神游”，这就是他们逃避压力的方式。

还有些孩子，是不折不扣的实践者。他们是你外出购物的好帮手，对妈妈给出的任务非常热情，比如，让这样的孩子干家务，他们会很热情，甚至告诉你吸尘器原来可以这样用！这种孩子在体力活动时非常活跃，不论是在街坊邻舍或游乐场，不论玩什么游戏，都有办法吸引一群孩子。在压力的作用下，这种孩子就会被贴上“多动症”的标签。

还有的孩子特别喜欢“争吵”。如果她认为老师在找某人麻烦，或是学校里最大个的孩子在找朋友的麻烦，这样的孩子会马上出来打抱不平。他们也会为自己打抱不平，总之，很有勇气。路见不平，他们总会站出来。这样的孩子感受强烈，对公平与否有着强烈的感受。他的生活中如果压力重重，你很快就会看到这孩子被贴上“反抗挑战性失调”（ODD）的标签。

有些孩子特别喜欢收集鸟蛋或集邮。他们的爱好是收集，然后展示。他的房间外人看起来也许很乱，但是他知道每一样东西在哪里。而且他认为这东西就应该放在那里，这时候，如果有人未经同意就“清理”他的房间，他会很不安。这种孩子对细节的记忆力很强，可以马上告诉你，你的车钥匙放哪儿去了，以及某件衣服你上次穿是什么时候。施加压力之后，这类孩子就会变成“强迫性失调”，或是“顽固不化”——很严重的僵化行为。比如，学校老师说因为下雪取消了校外参观活动，大多数孩子的反应顶多是失望，这样的孩子就会崩溃！

发生这样的变化其实也没有什么大不了。**压力可以将孩子往一个方向推，减轻压力就可以将孩子拉回来。**当你真正做到在许多层次上去简化孩子的生活，他们就会回到正常。你在自己身上也能找到这样的影子。记得你上学时，每个期末考试的前一晚是怎么度过的吗？或是想想自己在某一个令人激动的旅行前一晚是什么感受吗？如果你本来就有某些“倾向”，当压力袭来时，绝对会让你“变成”那种倾向。比如，你平时有些爱挑剔，那么重要旅行之前，你可能会反复将旅行衣物打包，大小颜色等统统排列好。

这种情形很常见，这种在怪异尺度上滑动是随压力而变动的。这是很正常、健康的情形，正常的压力以正常的频率出现时，无论是孩子还是大人，都能学会承受的方法。有时，孩子们会需要一点帮助，但是最终，他们将获得成长。这是我们都曾经体验过的。

**很简单**

压力会令孩子在行为尺度上滑动，当家长在许多层次上简化孩子的生活，孩子就会变回原来的样子。

但是，作为父母，我们不能上了和谐的“瘾”。当然，每个家长都希望每天家里都充满美好。难道这样不好吗？的确不错，如果我们能永远停留在这种梦幻的快乐中就好了。然而，孩子们需要冲突。像海伦·凯勒说过的“个性无法在放松和安静中形成。”孩子们需要遇到困难，然后去寻找解决问题的方法，他们需要学到“我能做到”这样的信心。那个好争吵的孩子，有那样的强烈感受与驱动力，要让别人听到她的声音，她也需要体会到自己有这种倾向。当然，她也可能需要帮助，学会平静地对待和处理一些事情。这种滑动本身是健康的，是生命和性格发展的一部分。

**如果我们采取过度保护的措施，对孩子的每一个情绪发展都加以干涉，要求他们处处完美，那么就会破坏这种自然的滑动，将他们推向怪异的深渊。**

孩子们形成自己个性和情绪韧性的过程，与我们人体免疫力系统生成的过程很类似。大家都知道，孩子们必须暴露在各种细菌和病毒之下，才能锻炼出强大的免疫力系统。这种适当程度的暴露是必需的。如果你给孩子提供过度保护，事事都想给他们“打预防针”，这在短期内也许能让他们“安全”，但长远来看，将带来严重的后果，当他们长大了，会很脆弱，不能独立面对和处理事情。

此外，过度干涉的父母，往往有婆婆妈妈的特征，这会在家庭中制造紧张氛围，我们对孩子的焦虑让他们也焦虑。小一些的孩子会被我们的情绪严重影响，而且还可能消化吸收。比如，我们讲话的声调，我们所创造出来的情绪气氛会给孩子造成耳濡目染的效果。他们会感觉到我们对于他们安全的紧张感与高度警觉心，这些都会让他们也感到紧张，然后这些感受就会开始恶性循环。父母的焦虑会加重孩子的焦虑尺度。美国记者艾伦·古德曼说过一些我认为既感人也很实用的话，我把它抄下来并且放在我的皮夹中随身携带：**“家庭教育的核心在于，对孩子要充满希望，而不是畏首畏尾。”**

### 很简单

家庭教育的核心在于，对孩子要充满希望，而不是畏首畏尾。

在过去的五年里，我和我的同事共同致力于一项研究，那就是用简化法替代药物来治疗“注意力缺陷失调症”（ADD）。因为，我对这个病名的标签本身就有意见，我觉得被诊断为“注意力缺陷失调”的孩子其实并不是缺乏注意力，而是注意力太多了！这是真的。这些孩子可以很专注，只是他们很难为他们的专注点排出优先顺序，他们专注的程度与需要专注的情况不符。对这一类孩子，我觉得更正确的说法应该是“注意力优先顺序问题”（API——Attention Priority Issue）。

我们的研究覆盖了美国和加拿大共计32个华德福学校中的55个孩子。这些孩子都是被认为专注力有问题的孩子或有“注意力优先顺序问题”的孩子。在与学校交涉，选定研究对象的时候，我们特意寻找那些最具挑战性的孩子，比如上课时经常爬到屋顶上的孩子。这种孩子可以完全占据老师的注意力，全班都不用上课了！我们为这些孩子设计了一套本书中提到的简化制度，重点放在简化环境（包括饮食的改变）、荧幕类媒体和时间表上。我们也简化了资讯，要求父母看管孩子吸收的资讯，将之减半。这种“冷血无情”的速减，不只包括了外来的资讯，如体育频道（ESPN），各种媒体的头条新闻，也包括家里餐桌上的谈话。这种只减量的方法很重要，因为有时我们很难把“好资讯”和“坏资讯”分得很清楚。而且，我们也认为，问题是从“家的外面带来的”。我们重点关注减少的“量”而不是“品质”。当然，孩子们平常接触的信息，的确有品质和适宜性上的差异。但在这里，由于我们需要父母走向全面的简化，所以，必须大规模地减少孩子们接收的资讯量。

我们发现如果父母和老师都遵循这套制度，大约四个月以后，68%的孩子都能回到正常状态下。在没有药物的帮助下，这是怎么做到的？为了简化法的有效性，我们又重新做了一次研究。我们得到了同样的百分比。

这怎么可能发生呢？怎么可能不用药物就达到这样的疗效呢？在美国，有行为问题的孩子大多完全用药物控制。用药的剂量和标准在全世界来看都是惊人的。这其实跟我们的主流看法有关，主流观念认为大脑是我们行为的“控制塔”，有固定的线路，行为的改变，一定是因为这些线路发生了变化，要想将错误的行为纠正，就必须“重整线路”。另一种观念认为，大脑有特定的化学方程式，像是一种激素混合剂。如果你的大脑缺乏血清素，很不幸，你也许有“注意力缺陷失调症”，如果认定“注意力缺陷失调症”是完全由于脑内化学成分的功能导致的，而且认为这些化学成分的比例是固定的，那么当然，用化学药物来介入就很合理了。

我们不认为脑内的“激素混合剂”是早已决定且固定的，我们用简化法得到的令人惊讶的改变证实了：孩子的行为倾向不只是脑内化学物多少的影响而已。我们每个人都有一些倾向。焦虑的孩子有许多身体无法化解的可的松，而特别活跃的孩子则可能是肾上腺素的作用。个别的孩子（或成人）都有个人的内在的体质与驱动力。我们的研究指出，这些化学体质与驱动力（激素倾向）可以由“改变孩子的环境与生活”来影响。行为方面的不良倾向可以通过“创造平静”来抚慰和放松。

**很简单**

行为方面的不良倾向可以通过“创造平静”来抚慰和放松。

在我们的研究中，有一些孩子的“注意力缺陷过动失调症”症状非常严重，当我们简化他们的生活以后，他们就能回到可以沟通、可以教导的状态。他们就从杏仁体操控的“战斗”中解放出来了。“杏仁体操控”是丹尼尔·戈利门在他的《情绪智慧》一书中所定义的术语。一说到术语，很多家长就开始头疼了，我来简单解释一下什么叫做杏仁体吧。杏仁体是我们大脑内一个很古老的部分，当我们受到外在威胁时，它帮助我们决定采取“战斗”还是选择“逃跑”。这种功能在恐龙满地跑的白垩纪会非常有用。此外，它还有个记忆功能，但是只负责记忆创伤。也就是说，在战斗和逃跑之外，杏仁体还决定“是我要吃掉你还是你要吃掉我？”更直接一点儿就是“你过去是不是咬过我？”所以，当它对外在威胁起反应时，就会直接越过我们脑部的思考中心，直接对这个威胁做出可能不太恰当的行为反应。

一旦孩子从杏仁体控制下解放出来，他们的行为就不会再那么怪异了。你可以看到非常直观的改变，他们的注意力有所增加，多动的情况有所减少。这些改进，从临床标准上的功能不良变成功能正常，也可以用药物来达到。但是，有一件事，我们做到了，而药物无法做到：我们研究中的孩子，学习能力和理解能力比简化之前提高了36.8%！如此之大的改变在精神性药物中完全见不到，也就是说，**靠药物不能让你的孩子从60分变成90分，但是简化法能！**

家长们一听简化法对孩子学习成绩的影响，立刻就会被吸引吧？这的确是个好消息。研究的结果确实证明了只要简化孩子的环境，就能够让他们的注意力得到很好的改善。而且，我们的简化法不是在实验室完成的，也没有借助任何药物。这些方法是靠父母、老师和孩子本身改变了生活方式来做到的，是每个人都可以用得到的方法。**打开神奇大门的钥匙就是“简化”。**通过简化来建立孩子的“活力”或“生命力”，“静”化所有的刺激。此外，经过研究，我们还发现“简化”对孩子许多方面都很有帮助。当然，我不是说药物就没用了，药物有其自身的作用，但在实际生活中，我认为这些药都有点儿被滥用的嫌疑。举个例子：

在我最近主持的一项教师训练营上，一位母亲来找我，她要求在结束后和我谈谈，我觉得她要谈的是个人的问题而非教学问题。当我们面对面坐下来的时候，房间里已经没有别人了，于是，这位妈妈开始哭了。

她告诉我，几个月以前，在心理医生的建议下，她的孩子开始服用药物。她的孩子在学校里因为不守规矩、破坏性的行为，已经快要被学校开除了。我在不认识她孩子的情形下，无法深入处理她的问题。不过我看得出她非常爱自己的孩子，并且因此深深自责。

我跟她说，我认为药物就像脚手架。当一栋房子需要修补，你用脚手架才能上到屋顶或烟囱，做水泥或防水工事等必须做的工作。当工作结束，你就必须拆除脚手架了。而现实中，许多孩子们正在服用的药物就像架在孩子身上、已经生锈的脚手架。我不认为它是建筑结构的一部分，也不该是加盖的一部分，甚至连辅助工具都算不上了。我认为这些药，大部分都该是暂时性的。你的孩子快被开除了！你可以用这些药物改正他们的行为，将他们“拉回”到一种可接受的情形之内。你可以用药物来争取一些时间（以做修补的工作）。但我不认为这些药物可以长期代替你简化孩子日常生活与环境的“工作”，或是它能了解某个特定孩子的学习方式并且随之调整。而且，我认为，作为家长，这些“工作”应该最好在药物介入“之前”就做了，而不是在“之后”才做。

在神经学上，把人脑的弹性、可塑性称为“神经可塑性”。我们早已知道，孩子的大脑有非常强的可塑性。婴儿可以忍受极大的脑伤害，可以失去整个大脑半边，仍然能正常发展进入成年期。以前，大家认为这种“弹性”在成年以后就消失了，神经网路就变成固定的。但是现在看起来，就算我们成年了，我们的神经还有一定的韧性。神经学家有新发现。在记者雪伦·贝格利的《训练你的心，改变你的脑》一书中，报道过这个研究。贝格利描述到神经学者发现：西藏佛教千年以来的修习法能够对大脑产生积极的反应，而且通过反复测试获得了证实。他们对脑部的扫描指出了训练有素的僧人（与一般人和新进的僧侣比较之下），他们的神经活动不在一般人的范围之内。因为他们的生活与修习禅定的美德，他们感受快乐与喜悦的区域变大了，结构也改变了。

这些结果给我们很大的希望和暗示，它说明大脑有重整与修复的能力。这可以用来造福中风患者和广大的群众，例如学习能力有缺陷的人、老年人或忧郁症患者。在我们的研究中，我们"静"化了孩子们所受到的刺激，建立起他们肉体和生命的活力。对大部分的孩子而言，这让他们能够轻松下来，能够在行为和学习上有更好的表现。孩子们不是僧侣，无法一天禅修数小时，但是他们在玩的时候，处于不被干扰，尽情玩耍的时候，就是在禅修。这就是孩子们的灵性。

有些人对"灵性"这个字有点意见。不过可以用另一种看法，我想大部分父母都会全心认同。身为父母，我们知道，孩子的特性并不是他所有的基因或行为倾向加起来而已。是的，他有祖母的浓发，父亲的眼睛，她的脸部轮廓跟妈妈小时候一样，这些是基因组合的成果。然而，大部分的父母都知道，那神秘、独一无二的孩子本性，似乎跟基因的关系并不大。

亚里士多德用"telos*"来描述它，是指一件事、东西或一个人的本性，他们最本能的意图。橡树子的本性或命运就是要变成一棵橡树，橡树子从最初就带着它的本性。在我们的基因遗传之外，在他们从我们、从环境中所吸收的东西之外，孩子似乎生来就带着他们自己的天命或本性。那本性，在最初就很明显，已经指出了未来，就像一棵橡树子会变成橡树。我们的孩子带着深沉的"命运"——有人也许称为"灵性"——来到我们身边，这命运需要被听到、被礼遇。

* 本性，生命上的，天命。

### 很简单

我们的孩子带着深沉的命运来到我们身边，作为父母，我们的责任是发现它，并且善待它。

现代社会的浮躁，让父母们变得“近视”。我们往往忽视了孩子的本性，也看不到什么在影响着他们（他们的生活、家庭、环境）。如果我们只看他们的倾向，我们就忽视了孩子，看不到他的命运或天命。如果你只看到倾向、症状和标签，看不到他们的本能意图所在，那么就看不到这个小家伙来到世上的深层意义。

**父母的角色，应该是去发现、去关注、去感受。**对孩子而言，最关键的是他们即将成为什么样的人。那么，为什么要简化呢？因为简化可以移除 “太多、太快”这些阻碍了孩子的注意力、干扰了孩子情绪和安全感的压力。孩子们需要宽容，才能让他们发展成为本来要成为的那个人，特别是在这个被过多物质、过多资讯、过度紧张事件不断侵扰的世界里。这些东西对孩子们来说，是无形的压力，这些压力破坏了他们的专注，让他们无法在童年这个黄金的时期形成应有的自我。

身为父母，家庭应该是我们以身作则的地方。然而，繁忙的日常事务有时会让我们忘记了这个责任。当你把这些杂乱请出家庭的时候，才能专注于那些真正有价值的东西。简化可以让我们将一种鼓舞的力量带入日常生活，在繁忙的生活和工作之中仍然能够活得有声有色，仍然能让我们的家庭生活丰富多彩。让我们带着对孩子的希望放养他们，重新让生活与家庭梦想回归同一阵线，**让孩子们的童年回到本来的样子。**

不过，简化并不是简单地把东西拿走，而是要创造空间，在生活中、注意力方面和心里创造空间。物质和精神上的杂乱越少，孩子的注意力就会越集中，感知力也会更深入。

很多家长告诉我，简化制度给了他们更大的轻松感，让他们不再关注孩子倾向于做哪些事，不愿意做哪些事，而看到了孩子的本性。他们拿掉了遮在眼前的那一片树叶，于是看到了美丽的森林。当然，不简化，我们也会偶然看到孩子本性的闪光点，但是就像光看橡树子的形状就想知道橡树的形状一样，不那么容易。总之，父母跟孩子一样，也有可能会受到过多的杂乱和压力的影响。我们也许会陷在“杏仁体操控”的状态下，出现做父母的紧急反应，其特点就是“恐惧”超过“了解”。如果把这些令我们分心的事情都拿走，我们的视野就开阔了，只有这样，我们才能看到孩子的整体。这能让他们用自己的步调，按照自己的需要，利用自己的天分来吸收他们所体会的“当下这一刻”。

**为什么要简化？最主要的原因就是它会给你的孩子带来更大的轻松感与幸福感，在湍急的社会之流中，能够给幼小心灵提供一个安全岛。分心的事物越少，他们关注的事情可以得到扩展，他们的专心程度也更深，他们也有更多身心的空间去探究这个世界。**

简化对父母们也有作用，让你的注意力从烦琐的日常生活中解放出来，让你对孩子有全新的认识和感知。这种感觉是慢慢的，令人惊讶的，大部分父母都觉得不可思议的：当你对孩子的感知越来越深时，你的爱也会增广变深。

看到这里，有人还会怀疑，怎么可能在如此忙碌之下还能改变家庭日常生活？谁都知道这种理念很好，但真正去做哪有那么容易？从哪儿开始呢？

我发现，能真正坚持长时间做到简化，最好的办法就是“想象”。“有梦想才有一切”。当你在心中创造了一个理想景象时，你也画好了一条通向它的路。你的想象会引导你走上那通往目标的路。

现在，这一章即将结束。我要求你和我一起回顾我们所讲的理念和你所设定的预期，想象一下如何让它们在你家变成现实。

***想象你的家是……***

一个时间走得比较慢的地方。

没有杂乱，看起来更令人放松的地方。

每天都有时间、空间留给童年，有时间和孩子们共处。

是个“允许”也“礼遇”玩耍与探索的地方。

在限制“分心的事物”和拒绝“过多、过快”所造成的压力之后，全家更轻松。

是一个平静与安全感常在的地方。

变成了一个每位家庭成员都关注的地方，家人关注它、保护它，乐在其中。

# 第二章　情绪发烧了

让我们从一个比较了解的地方开始实行，因为这会让一切变得舒服和容易。我们了解自己的孩子，比任何人都了解他们。我们了解他们“最好的时候”，以及其他不那么好的点点滴滴。我们了解他们的声音、他们身上的气味，甚至他们每个表情都意味着什么。我们总是知道他们想说又不敢说的事情，我们了解自己的孩子，其深度令旁人赞叹。为什么这么了解？因为我们一起走过了所有的日子，体验了孩子每一次的情绪爆发，跟孩子在一起的时间记录了所有的一切。看看那些博客、日记，还有相片和视频吧，我们的生活中到处是跟孩子在一起的影像。是的，我们对孩子的了解就好像我们用X线看他们一样。好像家长们都有超能力一样。而这种了解，就是建立在我们对孩子本能的、无私的爱之上的。

但是，这种深度的、本能的，对孩子的了解跟其他一切事物一样，它不是稳定的，有升有降。虽然我们一直深爱自己的孩子，但是，谁也无法保证我们的注意力永远、一直在孩子身上，有的时候，我们确实会分心。当我们被烦乱的事务包围时，父母的直觉本能就没有那么强烈了。而“简化”就是要摆脱这些占据和分散我们注意力、威胁我们对孩子的关心程度的“烦乱之物”。**简化，不仅仅是让孩子放松，让他们能做自己，也能让家长们变得轻松，让我们把注意力放在孩子身上，重新建立起做父母的强大本能！**

在接下来的章节中，我们会开始实施具体的简化步骤，剥除那些淹没孩子幸福感，令我们的本能短路的“压力”和“过多”。但是，首先，我们应该学会用关注力和所谓的亲情力去发现孩子出现了问题。在这里，我提出了一个词，叫做**情绪发烧**，就是指孩子们被过多物质、快速的生活和过多的压力推着前行时所出现的问题。让我们来看看从本能的角度，我们是如何处理孩子的“情绪发烧”的，其实，这跟我们处理孩子“身体发烧”时的方法差不多：把孩子带到身边，并停掉他们身边所有的其他事情，让他们休息。

身为父母，在孩子生病时，我们总会有一种本能的直觉，知道该怎么做。我们这种本能有一部分是儿时的记忆，记得当年小时候我们自己生病时，我们的父母做了什么让我们觉得很舒服，还有一部分是科学知识、父母的关爱之情、再加上紧张时肾上腺素的共同作用。几乎每一对父母在孩子第一次发高烧的时候都感觉到了无助，你一定有过这样的体验：整夜坐着不敢动，用一个固定的姿势抱着孩子，因为小家伙鼻塞很严重，只有一个姿势才可以顺畅地呼吸。有时候我们从容，有时候我们手足无措，不管怎样，孩子生病都是一件令父母闹心的事儿。但是，久而久之，随着时间的流逝，孩子一点点长大，我们的战斗经验也越来越丰富了，慢慢地，我们学会了如何处理孩子生病的状况，甚至形成了一整套护理流程。

我们学会了如何帮助他们度过难受的发病期，比如发冷、咳嗽、发烧、发疹等症状。我们做父母的本能甚至能让我们从容面对许多不寻常的可怕症状，比如可怕的红疹或者是剧烈的“喷吐”。我们学会了处理各种各样的难题。

摸摸他们的前额，看到他们无精打采的双眼，我们就知道毫无疑问，不可避免地又发烧了。然后，我们就开始了熟悉的护理流程。

和身体发烧相同，有一个问题不可避免，就是当我们的小家伙长大时，我们会体验到他们 “情绪发烧”的情形。你会发现有些事不对了，他们生气了，他们沮丧了，他们和周围的世界格格不入了。最严重的是，他们好像变了个人似的。从两三岁开始，一直到青春期，这些小家伙们会开始沉浸在自己的世界中，不断挑战你的权威，还急着融入大孩子们的世界。不论这些症状的源头是来自内心还是外界，这样的孩子都处于风暴的中心，不好的情绪占据了他们的注意力，影响着他们的行为，也影响着家里的气氛。这就是"情绪发烧"。可能每个孩子的表现都不同，但它确实存在，并且影响着孩子和我们的关系。

我经常举办各种关于"如何做父母"的演讲，总有家长问我："怎么知道孩子有问题了呢？"这是个常见的问题，通常，接下来家长就会问："我能怎么办？"对于第一个问题，简短的答案就是"靠做父母的本能直觉"。这种直觉也许需要培养，或者说"重新培养"。就像孩子生病时我们的直觉一样，**这种直觉人人都有。**

在这本书里，我主要想回答第二个问题："我们能怎么办？"其实，答案也很简单，跟孩子发烧时我们做的事情一样，就是"简化"！情绪成长的痛苦——或说是"情绪发烧"——就像感冒一样自然而不可避免，也可以用几乎同样的方法"治疗"。**简化，就是把孩子们所需要的轻松环境还给他们，让他们重新与他们真正的自我、属于他们的世界联系在一起，把他们从我们成人充满压力与紧张的世界中解救出去。**

那么，就让我们从一个例子开始，看看简化是怎么做的吧。下面我将列举孩子生病时，身为父母的我们是如何凭借本能处理的。你会发现，我们在孩子们生病时所做的步骤，我们照顾的方法，其实就是"简化"。我们会审视情绪发烧的征兆与症状，建立可以采取的步骤，帮助孩子建立情绪免疫系统，也就是大家所熟悉的"韧性"。就像我们一摸孩子的额头发烫，双眼无神的时候就知道他们发烧了一样，只要你够细心，也可以养成一眼就看出孩子"情绪发烧"的本领，在一切开始之时就把问题解决掉。

我们可以学到如何发现孩子们的世界失去平衡了，让我们一起去唤醒我们本来就有的能力，即使这些能力在我们超载、压力过大时被我们忘记了。通过简化，我们能把这种能力找回来。

## 你注意到了吗

### 当身体发烧时

我们注意到孩子出现不适时，会开始照顾他们。颤抖或发热、反应迟钝、不想吃饭、眼神空洞……这些征兆，一种或多种加在一起，我们就知道他们“不对劲”了，“不是平常的他们”了。即使是孩子的病已经好了，我们也能从他们小小的脸庞上发现不适的痕迹。虽然，孩子们的身体不是你的身体，但做父母的，尤其是妈妈们，总是能知道孩子的不适，也总是能自然地发现孩子身体上的变化。

### 当情绪发烧时

一般来说，我们判定孩子情绪发烧，需要凭借一些焦虑不安的症状。内心的风暴可不只是简单的心情不好或者怄气，它会持续一段时间。情绪发烧的孩子，心情不好的状态会维持很长一段时间，行为变得更古怪了。一个平常就闷闷不乐的孩子也许本来就如此。但是如果他们闷闷不乐之后，变得烦躁不安，并且突然与平时本来关系很好的朋友闹矛盾时，你就应该注意了！情绪发烧往往以一种“带刺”的情形开始，然后会有许多不同的表现方式。根据每个孩子的特点，他们内心不安的外在表现也各有特性。内向的孩子往往在身体和情绪上都有所退缩，当他们觉得不安时，会变得更加内向，但是，他们会突然、出其不意地爆发，伤害他人来宣告自己的不安。而外向的孩子则比较直接，直接反对他人发怒或者怪罪他人。

孩子越小，他们表现不悦的方式就越明显。比如，他们突然变得十分敏感，说衣服上的标签会痒，衣服太紧了，或者以前很正常的声音，他会突然嫌吵……很小的事情都会让他烦躁。而且他们发怒的程度也比较严重，不那么容易安抚。睡觉的固定模式也可能有所改变。比如，他们的姿势有所变化——肩膀拉高了，拳头握紧了等。最重要的是，他们变得更容易“爆发”，情绪好像炸弹，一碰就着。

这个时候，妈妈面前的这个孩子仿佛不再是原来的那个小可爱了，很多妈妈会说他表现得“不像他的个性”了，但事实上，这不过是他们的个性被放大了而已，有点戏剧化地夸张罢了。如果你的孩子尚在童年中期，你也许会见到友情、穿着或做事习惯的改变。如果是初中和青少年期，你也许会注意到你的孩子变得难以安定，以前对学习很上心，按时完成作业的孩子可能变得对这些都不感兴趣，甚至在嗜好或其他课外活动上也有所变化。当然，所有的青春期孩子都有那么点儿叛逆。但是，情绪发烧的孩子，其烦躁的程度会超出正常的范围，或者会去挑战一些已经早已建立的、被接受的、从来未被挑战过的规则。

让我们重点关注一下青春期，因为这是一个特别容易“烧”的阶段。青春期就是极端，然后又在两极之间摇摆。你可以想象一个尺度上的两个极端：青春期孩子或如旋风般的动个不停或是躺在沙发上一动不动。孩子可以突然一整夜不睡或是一直睡到家人吃过午饭了都不起床。青春期的孩子，可能必须参加一两个团体才能感到安心，这是一种原始需求，也可能独自一人关在房间里不出来。青春期孩子的父母都知道，他们“不能接受批评”，不管是多么纯真的忠告，完全不能接受任何挑战性的言语。大多数的青春期孩子好像都可以当律师，顶起嘴来让你哭笑不得。然而，出了家门，在同伴之间，他又变成循规蹈矩的模范，没骨气地默默遵从一切规定。

这种在两极之间的摇摆是青春期的正常表现。当青少年期的孩子有困难时，当他们“心情不好”时，会很容易“卡在”其中一个极端，变得固执又目光短浅。我记得我有过一个学生，德瑞莎，14岁，她的生活充满波折，经过许多人的照顾（父母、继父母、许多“代职”父母），但是她几乎没有固定的、有威严的、慈悲的监护人在身边。有一天上课时，德瑞莎回答问题时表现得非常激动，好像是为了吸引他人注意力一样，她说着说着就走到教室前面来，当我要求她回到坐位上时，她立刻知道自己现在成功地吸引到全班的注意力了，于是开始变本加厉。作为老师，那种时刻真的很难受，我记得我问她：“难道你一定要这么主观吗？”她回敬道：“你说不过我了，然后就拿这种字眼来搪塞我？”我就向她解释什么是“主观”，比如，主观就是指“见树不见林”的“譬喻”等等，然后，她很轻蔑地看着我说：“我14岁，我就应该这样！”说罢，就转身走出了教室。

德瑞莎说得没错，青少年期的孩子很“自我”。但是这种“爆发”、“情绪发烧”的症状可以说是她生活的外在反应。不论在家中、学校还是朋友之间，她都没有得到应有的关注和平衡。没有人帮她填补空虚，没有人给她演示什么是温暖，她周围处处是愤怒的狂热。没有人给她示范如何去建立、维持好的感情关系。她被允许沉溺在她的权威和独立性中，她作为孩子最需要的归属感被压抑了。

青春期的两极分化，实际上是孩子们在成长过程中，走向自我规范的一条崎岖道路。我们知道，在这个阶段，孩子们的大脑仍然在发育，特别是评判和推理的重要部分。要想让青春期的孩子在情绪的两极间摇摆而不出问题，就要让他们生活充满安定性。安全、稳定的生活背景会让青春期的孩子在两极间摇摆而不会卡在某一个极端。稳定的生活和环境这给了他们一个中心，像是一个标准一样，让他们学会规范自己的行为。

**所以，处理孩子“情绪发烧”的第一步，就是要“发现”。**有时候，只要注意到了，就能让孩子觉得有人帮他、了解他。当我们回想我们的童年（我们的孩子将来也会），这些小小的关注就成了“家”或“家庭”的情绪基础：**家，是个我们能被“读”到、被了解、被支持的地方。**其实，即便在成人生活中，在婚姻与工作中，我们随处可见情绪不被重视的时候，会有什么样的：闹别扭、生气、搞冷战。如果长时间不被重视，就只能越来越厉害。谢天谢地，我们的孩子还小，当他们情绪发烧时，他们不会 “狡猾”地“瞒骗”，他们的表现都很明显，作为父母，你需要做的就是开口问他：“宝贝，你怎么了？”

忽视或不顾他们的症状，情况会变得更糟，或者变成另一种更强化的表现方式，直到内在的冲突被处理了为止。有的时候，确实是有那么一两个原因，让我们很难注意到孩子的情绪发烧。父母如果非常忙碌，心思都在工作上，自己都已经身心超载了，就会忽视孩子不安的最初征兆。这是会发生的，就像我们有可能会忽视了孩子发烧的初期症状一样。当然，身为父母，我们也不希望过度关注孩子日常的情绪起伏。一点儿别扭、短时间的心情不好，这些都很正常，就像留点儿鼻涕或膝盖肿了一小块，这些情形都是暂时的，很快就会过去。但是，情绪发烧是长期的，一直持续的。过去，这种情形也许被称为“成长的烦恼”，无法避免，也很痛苦。也许与成人生活的压力相比这都不算什么，成长嘛，总有一些失落感的。但是，当你想象一下，孩子们以无法置信的速度发生改变和进化时，你就会发现为什么有时他们会想拒绝这种改变，因为他们感到了强烈的不适，因为他们必须放下已有的舒适和安全感，才能用两只手去抓住那所谓的“成长班车”。

生活中的步调和压力，有时会令父母分心，看不到孩子情绪发烧的征兆，这是可以理解的。不过，当孩子的情绪压力“总是”被忽视时，他们就会有意识或无意识地用其他方法来乞讨父母的关注。这个时候，父母的关注是最安全而又最容易获得的，特别是当一个孩子正在表现“小小的不满”时（比如，一个4岁的小孩发脾气）。但是，如果一个孩子没办法得到父母的关注，那么他们会去寻求其他人的关注，如果他们无法吸引到有爱心的关注，那么任何形式的关注都可以成为替代品。

除了父母忙碌之外，还有一个原因让家长们没有及时注意到孩子的情绪发烧。这是我最近才注意到的。那就是，通常如果一个孩子的行为一直“维持在高点”，处在狂热边缘状态，就很难注意到他们是否有情绪激动了。因为孩子一种“升级”的情绪状态已经变成常态，每天的生活都在急忙与压力之中，那就没有什么所谓的“安定状态”可以做比较了。就好像孩子的体温从来没有正常过，就无法知道什么是发烧了。这种情况下的孩子通常很容易出问题，表现出难以置信的“暴行”，其实，这只是孩子通过行为告诉你 “我需要休息”！

# 静下来吧

## 当身体发烧时

来了！发烧、胃不舒服，咳得厉害。一旦我们注意到孩子出现不适，会怎么做？我们会停下“正常”的例行工作。我们会说：“今天不用上学了，宝贝。”或是“噢！糟了！告诉你的朋友改天再来玩吧，你现在需要休息了。”每个人都得上桌吃晚饭，但是这个孩子不用，得将他们“抽离”到“正常”的每日生活之外，虽然他们仍在家中，但可以不参加日常活动，只要休息就好了。

## 当情绪发烧时

你注意到了，孩子确实有点问题。不论他们像个小陀螺一样，转得多快，实际上已经精疲力竭了，不行了！情绪超载或情绪发烧就像身体发烧一样，一旦注意到了，就该停止“正常”的例行工作了。孩子也许会抵抗，但有时候他们紧黏着不放的行为或者没有理由地拒绝任何新东西，这就是在拉着你的大腿说：“妈妈，停下来吧。”

当孩子病了，家庭正常活动的流程就要改变，这是一个必须要做的调整。当然，孩子必须暂停课余的活动，甚至需要留在家中不上学。为了孩子，父母要决定这段改变得需要多长时间以及需要改变多少事情。初中的孩子，你也许要和他们共同商讨，最后仍然由你做决定。如果是青春期的孩子，你要做最好的协商，尊重孩子的想法，保证他们确实感到减压了为止。

大部分的孩子，无论几岁，在两天或三天的平静日子之后就可以重设他们的“情绪钟”。一个轻松、简化的周末通常就足以看出差别，打断他们的情绪发烧。它给了足够的空间与时间来释放孩子们的情绪。

当孩子的情绪发烧问题严重时，一个周末或许无法搞定。但至少会帮助孩子获得解决问题所需的韧性。特别是比较大的孩子，他也许是要处理在学校方面遇到的困难，也许是朋友或感情方面的事，一个安静的周末虽然没有办法解决一切问题，但是它是一个缓冲，我仍然认为这是最好的疗方之一。身为父母，你也许有冲动，想帮孩子“把一切都搞定”，但这是不可能的，孩子越大就越不可能。想要他们成功面对、解决问题，要仰赖他们能够自己走出情绪的低谷，规范自己的身体与情绪能量。“从日常生活中抽离出来的短暂休息”是会有真正帮助的。

我大女儿刚上二年级时，她告诉我们班上有个女孩——马娜，“有点傻”、“有点凶”。虽然我们不知道孩子具体的意思，但是能看得出来这个女孩有点儿让我们的孩子担心了。在这个年龄阶段，这两个词不应该出现在一个女孩身上。我们的女儿明显受到了影响，她不想谈这件事。可是，每天早上她吃早饭和穿衣服都慢吞吞地，以前她总是第一个冲出门去上学，现在你能明显感觉到她不爱出门。我问：“宝贝，你还好吗？”她无精打采地回答：“好。”一看就不是真心的。于是，那一天，我没让她去上课，在家陪了她一天，既没有学习，也没有谈论这件事儿，就是简单地放松了一整天。

第二天，我决定将家中的安全感带到学校去。我陪她走到学校，并跟她一起进了教室，让她告诉我她的坐位，让她给我看一些她的小手工。我告诉她，这一周我都会来接她放学。放学的时候，我们都没有急匆匆地离开，而是和她的同学聊聊天，然后再慢悠悠地回家。我们一直没有正面而直接地去解决那个问题，也许它以孩子特有的神秘方式自动解决了。不过，在那一周里，我可以感觉到她的步伐变得轻快，肩膀变得放松，又恢复到以前的快乐状态了。

青春期孩子的父母也许会发现孩子有情绪发烧的现象，但是搞不清楚是什么令他们烦恼。我发现（根据我的实践经验），对女孩子，你只要说一次就能得到反馈，但是如果是男孩子，“有点不对劲儿吧？你肯定遇到事儿了吧？如果想跟我谈谈的话，我随时可以倾听啊。”之类的话，你恐怕得多说几次，才能听到你想听的东西。就算他们死活不愿意说，你仍然可以告诉他们你在他身旁。你也仍然可以停下手中的一切：“你不必告诉我是怎么回事，不过我看得出来有问题，有事情让你心烦了。在这个家里，我们的做法就是‘退一步海阔天空’。让大家商量一下，看看我们能做些什么来帮你吧。”我有个同事叫玛格丽特，曾经跟我说过，她15岁的女儿在学校很忙，而且是个游泳高手。玛格瑞特说她的女儿不肯慢下来，而且拒绝向她敞开心扉，虽然她已经看到孩子头上乌云密布了。当我建议暂停时，玛格丽特给了我个白眼。不过，不久之后，她还是安排了一个安静的周末，不受训，停下一切。第一周是强迫的，她女儿的反馈是：“你的意思是我被关禁闭了吗？！”但是，周末过后的效果是显著的，现在，她和她的女儿之间已经达成默契，当她觉得受不了的时候就暂停一两天。

玛格瑞特也注意到，一旦决定了，一旦腾出一两天的时间，她的女儿就比较愿意讲出自己的烦恼，告诉她是什么将她拉到这个地步的。取得这样进展的原因就是，当你空出一段时间，专门关注这一件事儿时，孩子就会知道她有充分的时间和空间来讲述烦恼，她的烦恼会被“倾听”，她不需要忙着在游泳训练前或是在晚餐时匆匆解释整个令人迷惑的糊涂事了，她就会感到安心，一切自然就迎刃而解了。

第一次，玛格瑞特的女儿觉得她是被“关禁闭”了，她说得没错，因为这句话用在这儿还挺适合的。当青春期的孩子受不了时，他们的情绪在发烧，周围的电流太强，所以他们真的需要“接地”一下。他们需要被拉回地面，将他们拉回到原来的自己。

## 拉近跟孩子之间的距离

### 当身体发烧时

例行工作不做了，穿着睡衣，这个“小病孩儿”需要照顾。这时候，我们要拉近跟孩子之间的距离，不仅仅在身体上，也在精神上。我们要更加注意观察他们，避免病情加重，避免诱发其他疾病。也许，你可以和孩子们舒服地躺在一起，或让他们舒服地躺在床上，拉上窗帘，用枕头堆个小窝，让一切都静下来。

这个时候，家长们也许会自己反省一下，孩子怎么会生病呢？学校里是不是发生什么事儿了？我们是不是需要找出原因或是寻求帮助？是否需要上医院？是否需要邻居或朋友到店里买些什么药？

## 当情绪发烧时

情绪发烧的孩子也需要照顾。至于穿不穿睡衣，可以随意。但是“停下来”是必需的。也许无法让孩子待在床上，但他们仍然可以因此有个轻松时段，觉得与以往每日生活有所不同的时间。平常没有时间做的、一些简单而快乐的事情，比如画个水彩画、家庭故事会或者做点儿小手工，都可以让他们转移注意力，放松情绪。与父母一对一地相处，会是个受欢迎的改变。

无论是身体还是情绪上，孩子们都需要被拉近一些。有时“问题孩子”并不真的需要你去刻意表示关注。因为当我们改变例行工作，停下一切，这种改变就是“无言的”，孩子们就会知道你有时间和他们待在一起，亲子关系就会自然而然地得到强化。

孩子们在哪里觉得最安全、最安宁？对大部分孩子而言，就是家里。但是，并非所有的孩子都是如此。我的一个朋友带他的8岁孩子去钓鱼。“过去，我们经常一起享受钓鱼的好时光，所以我想，到湖上去也许会对他的艰难期有所帮助。”大自然是个温暖的感官浴室，可以均衡太多活动、太多资讯或太多“东西”给我们带来的巨大压力。大自然会令人平静、专注。对大部分孩子而言，只需要在大自然安静地待上几分钟，然后他们就会开始探险。他们会在自然中找到自己感觉特别舒服的地方，搜集对他们有意义的小玩意儿，比如树叶、木棍，一块青苔等。**大自然中充满了活力和未知，在大自然中探寻，可以让孩子发挥他的创造力。**

曾有研究指出，医院中能看到树景的病人比没有看到树景的病人恢复得快。这一点也不夸张，大自然的确对情绪和身体有惊人的治愈能力。从神经学的角度解释，当孩子们身处大自然当中时，可以将孩子从被杏仁体操控的“战斗或逃跑状态”中拉出来，进入以侧脑和脑前叶为主的较高层次的创造性、认知性的思考行为当中。通俗点儿说，就是将孩子从紧张的状态中释放出来，让他们有心思去创造和开拓。

跟身体发烧一样，情绪发烧也会发生恶化或者诱发其他问题的情形，这一点是我们要竭力避免的。7岁以下的小孩，如果他们的不安没有被人重视，就会进入“风暴期”。他们还太小，不知道如何管理情绪，他们会直接反映出来，直到每一个人，包括了家中猫狗都感觉到了这些效应为止。孩子长大一些，慢慢就学会如何压抑痛苦的感受，但也无法坚持太久。特别是青春期的孩子，未处理的感受可能通过各种看似不相关的方式表现出来：例如，一个很极端的发型，跟朋友们闹矛盾或在学校故意做出种种劣行。

简化，是父母给孩子提供的一种援助，给他们提供一个缓冲和包容的地带。这种模式也许会在他们长大之后起到意想不到，甚至是**救命的效果。**通过简化，你的孩子会学到这样一课：“小小一段静止，是一种照顾的形式，也是被关爱的方式。”是真的，这的确是父母对孩子的一种照顾方法，**也许一开始他们会抵制，但是慢慢地，你为孩子开创了一种模式，一种将来他们自己能够沿用的、处理问题的方法，可以帮助他们一生。**

那么，孩子到底为什么会受不了？你也许会问自己这个问题。就像他们回家发烧了，你也会问为什么？是什么让他们走到这一步的？是不是你给他们的任务太多了？是不是奔波得太久了，特别是父母分居或者经常搬家的孩子？是不是需要一个更均衡、更稳定的日常生活安排？学习压力太大了？或者补习班参加得太多了？

是不是该找人帮助或指导呢？如果你的孩子有比较严重的情绪问题，当然应该考虑专业人士的帮助。我这里说的是那种一般的超载或爆发，通常一两天的“暂停”就很有帮助。如果你的孩子处于青春期，那么也许可以考虑某些能给他安定的、有影响力的人参与到过程之中。因为，孩子长到青春期，他们很容易与家庭以外对他有帮助的人士建立良好的关系。比如，如果你的女儿很喜欢、也很尊敬她的舞蹈老师，那么，你也许可以给老师打个电话：“艾伦看起来好像有点心情不好，您看能否……”看看这位老师是否愿意与孩子独处一段时间，谈谈心呢。

**“当你的孩子看起来最不值得爱的时候，正是他最需要爱的时候。”**我不知道是哪位智者最先说过这句话，这绝对是真理。这句话与我们的核心思想非常契合：在我们的孩子情绪发烧时，做父母的应该怎么办？在孩子生病时抱抱他，他们当然不是很乖，有点易怒，会把擦完鼻涕的卫生纸丢到你身上，或者故意呕吐在地上，而不是你给他们准备好的盆里，这些事情每个父母都能忍受，也心甘情愿。但是孩子在探究他自己内心的阴影时，会把你当做摩天大楼的电梯按钮板，按到每一个能把你彻底激怒的按钮，这个时候，你能沉得住气，一如既往地带着爱心待在他的身边吗？

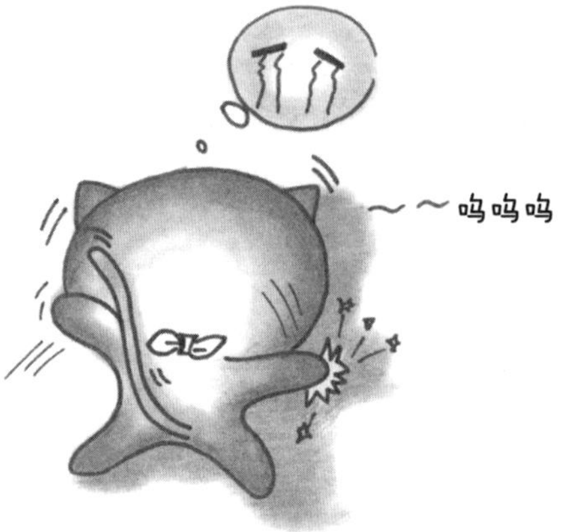


孩子的情绪发烧很容易传染给父母，除非你能像照顾他们一样照顾好你自己。在孩子处于情绪爆发期时，我的建议是：每天至少用几分钟（当然，越多越好）去想想孩子“金光闪闪的一面”，他们“好的一面”。这会平复你的怒气，带给你平衡感，帮你看破孩子们情绪发烧时的“恶相”。这会帮助你解决那个问题：“这真的是我的孩子吗？怎么感觉像是在狼群里长大的啊？”我们要始终在心里保持一个孩子的好形象，但是不要假装或粉饰心情。只要拿出孩子小时候的相簿，花几分钟，看看她3岁时俯身吹生日蜡烛时的可爱模样。想一想你们一起在公园放风筝时，孩子脸上洋溢着的天使般的笑容。这些画面能提醒你，眼前这个令你头疼的13岁孩子当年曾给你带来多少欢乐！

如果你自己没办法找出足够的可爱瞬间来平复你的情绪，那么请找一位除了你之外，最爱孩子的亲属，比如孩子的爷爷奶奶、姥爷姥姥等，在旁边提醒你，提醒你关注孩子的优点。在你最需要的时候，这一招是非常有帮助的。试过这个方法的父母甚至会对它有点上瘾，每当心情不佳时，就会回忆这些画面。总之，**在你最需要的时刻就回忆吧。**家长朋友们，在照顾“情绪发烧”的孩子时，也请照顾好你自己。

# 走过发烧期

## 当身体发烧时

我们通常不知道一种病毒会持续发威多久，但我们知道：对待病毒，我们基本上无能为力。我们无法控制一种病的缓急，也无法控制其发作时间的长短。但是，我们能竭尽所能让孩子感到舒适，然后陪着孩子度过整个病程。我们知道孩子生病了，停下手边的工作，把孩子搂在身边，去除一切周围的杂事，简化他们的环境、活动、饮食等一切。让他们可以休息，不被打扰。

## 当情绪发烧时

情绪发烧就像病毒，有它自己的生命周期和延续的时间。我们的简化不是为了控制“病情”，让孩子跳过这段情绪波动，或者停止它。我们所做的一切，只是在认识到孩子出现问题之后，停下来，给他们必要的关注，拉近与孩子之间的距离，然后帮助他们渡过难关，陪着他们走过必须要面对的一切。

从孩子两三岁第一次发怒开始，我们就知道，情绪风暴是不能被强行终止的。老实说，我自己是深有体会的。还记得我大女儿3岁时的一次暴怒，当时她躺在客厅地板上大怒，弄得全家人都感到震惊，她使劲全身力气尖叫着、用拳头敲地板。当我走到她身边，她突然用脑袋用力地撞了一下地板。我当时都傻了，还好，这时候，我太太走进来，从沙发上拿了一个靠枕，放在孩子的头下，然后拉着我若无其事地坐到沙发上看电视，很快，小家伙哭累了，倒在靠枕上睡着了。

没有人能逃过成长过程中必须经历的情绪发烧和成长痛苦。为了找到自我，知道什么才是适合自己的，孩子们必须学会如何处理这种情绪发烧。这些其实都是“自我规范”的一部分。有个妈妈告诉我，她的女儿在转学到新的中学之后有点不太适应。她发现孩子说话的时候开始用奇怪的声调，比如，她会用演讲般的声调跟妈妈说话。不久之后，当孩子开始用正常的声调说话时，这位妈妈就知道，孩子已经能够适应了新生活。

一旦我们认出征兆，并及时采取简化的措施，我们就能像发烧一样，及时提供条件，帮助孩子度过整个“病程”。**家长的帮助并不是要“修好”什么，而是提供一个充满爱的空间，让孩子可以自己处理好令他们烦恼的事情。**有了这种爱和温暖，你就可以帮助孩子平复他们的情绪，让他们自己去感觉出应该做什么样的选择，应该往哪个方向走。在又硬又贫瘠的土地中会长出绝望和无助的种子，所以，作为父母，请让孩子的情绪在肥沃的土地上生长吧，用你的关注和爱去浇灌它吧！

如果你能学会用这种简化法来处理孩子们的情绪发烧，你就不会落入“过度当父母”的怪圈之中。情绪管理的重点不在于父母要发挥多大威力，也不是要精密管理孩子生活中的每一种情绪。重点在于，**创造一个平静、有帮扶力的家庭氛围，让他们自己可以战胜情绪发烧。**简化法不是要父母拿起武器，扫清孩子前进道路上的一切障碍。很多父母在孩子遇到困难时，都会有这样的感觉：“我的孩子在受苦，我却什么都不能做”。于是，就有立刻拿起电话向老师或者其他孩子的父母大声理论的冲动。什么都不能做吗？不，简化就是这个时候父母应该做的事情。通过简化，我们调整好步伐，提供孩子渡过难关、处理烦恼事务所需要的东西——时间、自由和同情。

# 缓慢、坚强的回归

## 当身体发烧时

所有的妈妈看到孩子恢复的征兆都会非常高兴。有位母亲说他儿子平时是个“话痨”，但却最怕他生病时一言不发的情形。“不知道多少次，在孩子正常的时候我希望他安静一些，但是他生病后，真的安静下来，我的心里却有说不出的难过。他躺在沙发上一句话也不说，是我最不愿意看到的事情。当我听到他说：‘妈，你猜怎么了？！’我一下子就松了一口气，因为那意味着他病情好转了，又恢复到往日的‘小话痨’了。”

这时，妈妈们会逐渐把孩子的饮食和日常活动往正常的道路上引。比如，先让他们上半天学，或者允许他们到外面玩儿，或者他们先回学校半天，或者可以让他们找朋友玩了。慢慢地让他们的生活恢复正常。相信每个妈妈都有这种感觉，每次孩子生病，超过两天以上的病程时，病愈的孩子就好像又长大了一些。最重要的是，你和孩子更亲近了，有一种共患难的感觉。

## 当情绪发烧时

当情绪风暴过去，热度退却，妈妈自然会知道。过去那个阳光、快乐的孩子回来了。从情绪发烧走出来的孩子将会变得更坚强、更有韧性。他们从情绪的风暴中走出来，积极乐观地准备好重新投入生活之中。如果妈妈们善于倾听来自本能的声音，很容易察觉孩子的恢复，特别是孩子从“太多”的效应之中恢复时。那么，是应该慢慢恢复他们原来的时间表？还是从此就用这个简化了的时间表呢？他们所做的事情是不是还是“太多”了呢？

每当孩子度过情绪风暴之后，你都会在他们身上发现让你惊讶的改变。每次经历都会带给他们一些经验，比如坚强，比如韧性，比如“一切都会好的”等等。尽管他们有可能还是不告诉你他们到底因为什么感到不安，但是，孩子们知道你是关心他的，并且从心底相信，家人会帮助他们一起渡过难关。虽然，你没有伴他们走过每一步，但你让他们走得更轻松。尽管这些情绪风暴并不是什么愉快的经历，但是，它能拉近我们和孩子的距离。每次当我提出这个建议的时候，很多家长都会说：“你让我因为孩子不开心就一天不去上班？简直是开玩笑！”通常我给出这样的建议时，都是孩子已经有非常明显的行为信号，显示他们对“太多”的压力有强烈不满。所以，我就会建议放个假，大家在一起安静地相处，会有帮助。但有时就会得到这样的反馈：“放一天假？为什么？现在正是我最忙乱的时候。”还有的父母认为这想法有点太简单了，他们不确定这样的方法是不是有效果，他们更希望我给他们一个电话号码，花笔大钱或昂贵的专家能迅速地“把一切搞定”。遇到这样的父母，我就越是确定他们的家庭需要这样的简化，**这对父母和孩子都需要从每日生活中退一步，互相向对方靠近一些。**

不论身体发烧或情绪发烧，都会给孩子带来很多不适。对于孩子的不适，如果家长现在忽视它，那么将来，不论对我们自己还是孩子，其带来的结果都将是难以弥补的。其实是非常简单的账，但很多父母都算不明白。如果你想省下偶尔一两天的露营费或是一个安静共处的周末，那么，等到将来，孩子的问题可能会发展到必须长期看心理医生才能解决，哪一种比较省时、省钱呢？我的澳洲密友史提夫·毕道夫（《抚养男孩》*Raising Boys* 一书的作者）曾给出过非常具体的数字：“如果父母之中的一人每天工作超过10小时，还经常出差，他们的孩子就会受苦。如果一天超过15个小时，那对孩子绝对具有破坏性。父母因工作繁忙而不能陪在孩子身边的时间越长，孩子出现情绪问题、忧郁症、成绩不好、甚至毒瘾、自杀倾向等就越严重。在双亲中，**跟孩子同性的那位家长对孩子的影响更**

**大。**也就是说，父亲对男孩、母亲对女儿来说，比父亲对女孩、母亲对男孩更重要。在现代这个物质丰富、经济飞速发展的社会中，要想让孩子的情绪更健康，父母必须要有很强的决策力和选择能力。”

通过简化我们的时间表，我们就能抽出精力来加强我们和孩子之间的亲子联系。当我们简化了孩子的日常生活和周围环境，就等于帮助他们腾出了静思和自我重建的空间。同时，我们也提供了一种帮助孩子们对抗绝望和无助的隐形力量。当然，有些孩子可能会拒绝帮助，继续被麻烦牵绊，有时会以一种持续的、自我毁灭的方式来对抗我们的帮助。

这种情况下，家长应该怎么办呢？我的建议是继续提供帮助，变换一些方式，总之，有爱就可以对抗绝望。就像大部分孩子都能从童年对抗免疫力的斗争中获胜一样，大部分孩子都能从与情绪问题的斗争中获胜，继续前进，而且他们会变得更强壮、更有韧性。就算真的很难，比如孩子具有很强的破坏力或者有暴饮暴食的倾向，持续的爱与扶助都是家长所能提出的最佳支援。我曾与经历极端状况的父母共处过：有的在医院候诊室，有的在警察局。那真是彻底的失落。那时，在我的眼里，只看到了爱的持久性，是那种无论何时、无论何地都存在的父母之爱。

换句话说，我们对孩子的爱无处不在。从婴儿期的第一次发烧，你一动也不动，正坐着，整夜抱着他，好让他可以顺畅地呼吸。然后，走过幼儿时期的免疫力大作战，再到青春期的各种情绪发烧。步骤其实很简单。做父母的本能会告诉你，孩子出问题了，让你停止正常的日常工作，将孩子们揽入怀里。当孩子们生病时，家长的任务并不是去“让他们变好”，而是照顾好他们，给他们提供支持，让他们轻松下来，然后让他们自己专心对抗各种凶猛的“病毒”。当他们受不了压力和日常生活步调时，或者当他们“情绪发烧”时，你可以给他们同样的照顾去扶助他们。总之，你注意到了，简化了，将他们拉近，让他们有空间和时间去处理问题。这样

做，你就成功了。

在如今这个高速运转的社会中，这是我们家长可以给孩子的“最好药方”：向后退一步，就可以看到海阔天空。小小的简化，就是解开情绪之结钥匙，是在日常生活的忙乱和喧嚣中最有效的减压工具。

真的，没有什么特别的技巧。关心，加上一点运气，这就是每个父母需要的秘密武器。父母的本能是简单的，是能够持续一生的，那就是爱。

***想象如果你的孩子知道这些，会多有安全感……***

当他们真的出事了，当他们觉得不对劲，父母会注意到，并且给他们回应。

当他们“超载”时——无论是身体还是情绪——父母会让他们暂停，休息一下。

当他们的幸福受到威胁时，父母会靠近他们，会看着他们、照顾他们。

当他们不舒服，他们会有时间、有轻松，来恢复平衡。

当他们表现不佳时，父母的爱会包容他们，能以超越的眼光来看他们表现不佳的情形。

他们的父母是了解他们的，永远爱着他们。

# 第三章　环境

如果一个孩子小时候能够全情投入，忘我玩耍，那么，他长大之后，也有能力用同样的专注来面对所有交给他的任务。

——鲁道夫·史代纳（华德福教育的创始人）

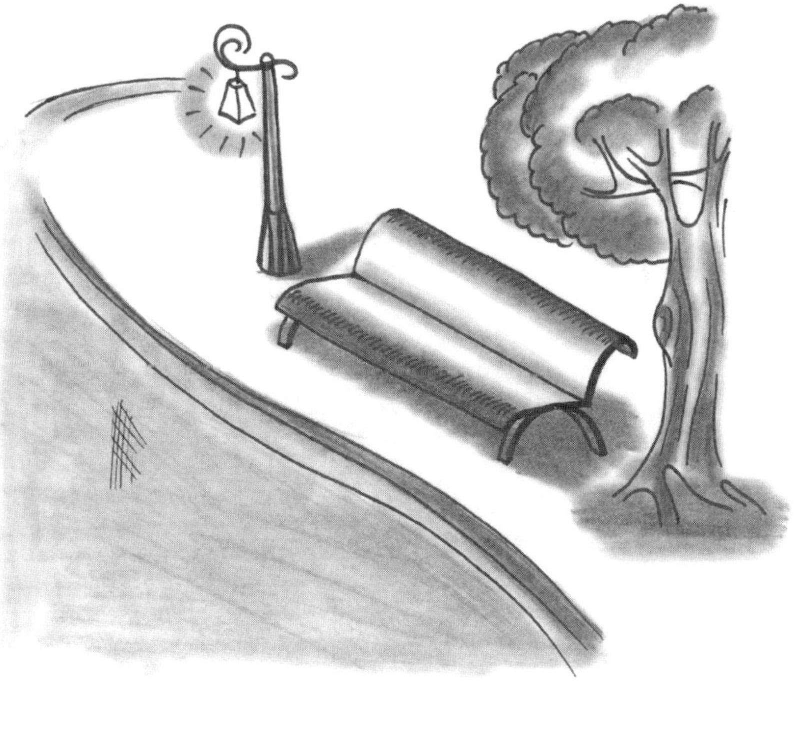

儿童房的门槛可以看作是两个国家的边防线，过了这道线，外面是另外一个世界。孩子的房间，像是一个独立的小国家，有自己独特的地形和小气候，而且绝对有自己独特的物理定律。这个房间里总是有超过实际空间可以容纳的东西，无论是柜子、抽屉还是各种箱子，都塞得满满的，奇怪的是，这些东西仿佛有吸铁石吸着一般，堆在一起却不会倒下来。

儿童房的墙也基本看不到原样了，到处是海报、照片和孩子们的涂鸦，再加上一些奖牌、各种储藏盒，简直像博物馆一样。如果你收拾孩子的房间，那个过程可以跟考古媲美：挖得越深，就会看到越早买的玩具。你当初精心策划的婴儿房颜色和家具，以及原来的摆设方式已经不见踪影，它们都被埋在一堆各种颜色、各种大小和不断增加的玩具以及杂物之下。

当然，不是每一个小孩的房间都像这样。而且，也不是每天都这样。上面我所描述的稍微有些夸张，但我相信，读到这里，绝对有很多家长的脑海里会浮现出自己家儿童房的模样。而且，这种影响也绝对不是只有家庭收入不错的家里才有，也许东西的“品质”有所不同，但是“量”的多少可是所有家庭都差不多的。

在我与众多父母打交道的过程中，我发现“东西”（特指孩子身边玩具、书和衣服）太多的问题，几乎是每个家庭都会遇到的难题。所以，当我介绍完我的简化法之后，请父母们选择首先开始简化四层简化中的一种（环境、节奏、时间表、过滤成人世界），大部分人都会选择“环境”，而孩子的房间就是环境的一部分，而且是最重要的一部分。

为什么大多数家长都想要从“环境”做起？为什么他们决定最先从孩子的房间下手？原因主要有两条。首先，当一个人决定开始做出重大改变的时候，他一定会从自己能够明确做到，而且效果最显著的那个方面着手。简化是个过程，是多层次的生活方式改变，急不得。它需要承诺，也会在逐渐简化的过程中建立承诺。我得说，从家里的环境开始，是个不错的主意。而且，简化孩子的房间是明显可以做到的，许多人从这里开始，并很快能够发现成果，这个成果就会给他们莫大的鼓励，让他们继续接下来的简化过程。

许多父母也对此感同身受。无论是同学聚会还是和同事在聊天谈论，不论他们之间的背景、文化、收入或政治差异有多大，只要谈到孩子，有一个问题他们总能找到共同点：——儿童房（有了孩子以后的整个家中环境）的“东西”已经多到泛滥成灾了。很多父母都有这种感觉，有时候，或者一天有好几次，儿童房这种塞满东西的景象会让他们感到窒息。但是，很多家长却从未想过，这种景象不仅仅让他们自己“上火”，还可能对孩子造成潜在的伤害。这种物品和玩具的奢侈浪费不仅是一种“过多”的“症状”，也是导致孩子“超载”的原因。他们从未想过，“过多的东西”会令孩子觉得“受之无愧”，而且“过多的东西”会让孩子被迫面对“过多选择”，在不知不觉中给孩子的童年造成困扰。

当我接触到越多的家长，我就感到越惊讶，竟然有这么多人对这个问题有同感。就像大家坐在同一列火车里，但没有人注意到这列火车越开越快了。就在最近20年内，一两代人之间，我们的社会发生了巨大的变化，各种各样的商品如洪水般泛滥，各种公司研究孩子父母的心理，专门为他们或者直接针对孩子们而设计和开发产品。我记得有一次，一位妈妈说：“我父母对我们养育孩子的方法倒没有什么太大的异议，只是每次他们来，都说我们给孩子买的玩具太多了，而实际上，跟孩子的小朋友比，我们家还算少的呢。但两位老人每次来都会说‘怎么又给孩子买玩具了啊，都没有地方放了！’之类的话。”

在过去的短短10年里，各种各样廉价的、批量生产的玩具迅速充斥了市场，不仅数量巨大而且种类无限，而且，不仅仅只在玩具店才能看到，

超市，加油站，便利店，甚至路边小摊上，处处可见各种各样的玩具。不仅如此，电视频道里时不时播放着与此相关的各种广告。只要带着孩子出门，就不可避免地会看到卖玩具的。就像家长们常说的：“每当我带着孩子一起出门，就像走进雷区，不管走到哪里，孩子都能发现玩具。小家伙不停地说，妈妈，我要买这个，妈妈我要买那个，要求多得你都无法拒绝。”

还有一点非常有趣。爸爸和妈妈常常会责怪另外一方是给孩子乱买玩具、乱消费的罪魁祸首。但实际上，两人谁都无法拒绝孩子的小小要求，至少不能每次都拒绝。

儿童用品公司的营销人员非常聪明，他们直接征召孩子来做他们的市场开发。直接将孩子设为目标，利用孩子们“要个不停的力量”让父母掏钱。这一点大家都很清楚，那就是孩子们会为了买一个他们自己都不清楚功能的玩具一直跟父母唠叨不停，这就是“要个不停的力量”。那么，“要个不停的力量”有多厉害呢？每个家庭都不一样，有的是父亲，有的是母亲，他们比较容易受孩子的影响而去购买玩具。每年，儿童用品的市场增长力都是惊人的。市场开发者已经注意到了这一点，增加了对儿童产品的广告费用。当然，这也是非常有效的，有专门的研究机构统计过，10岁孩子平均能记住300～400种品牌，而两岁的孩子，就能认得出超市货架上的特定品牌，就会千方百计的要求妈妈给他们购买，尽管潜意识里并不知道这个东西是干什么用的。

很明显，没有人能对这种无孔不入的营销力量产生完全的免疫力。因为即使你拒绝了一次，两次，也很难拒绝第三次。不过，让孩子们少接触各种媒体，尤其是电视，他们就能明显地少受到这些广告的影响。在玛丽·派佛的书中，她指出，泛滥的广告会给孩子们带来这样的潜在信息：

● 已经拥有的东西没什么意思。（教会孩子们喜新厌旧）

● 我是宇宙的中心，如果我要什么东西，我现在就要买到。（教会孩子们成为自我为中心的“小皇帝”）

●各种各样的产品可以解决我们所有的问题，满足我们的各种需要。（淡化孩子们的情感需求）

●买东西、购物是一件很重要的事儿。（教导出一个个小小购物狂，让孩子们学会了攀比）

有了这些资讯和父母们长期、无限度的物质满足，会给孩子们创造了一种受之无愧的感觉和一种错误的、靠买东西而不是靠人来满足和维持情感需求的观念。

我曾经举办过一次演讲，题目叫做《受之无愧的大怪物和养出这只怪物的父母们》。一开始，我有点儿担心参加的父母会很少，因为毕竟题目有些挑衅的意味。但结果出乎我的意料，因为来的人把礼堂都挤满了。看样子，大家对此感受颇深啊。我们只有一个孩子（或者两个），我们太爱他们了，让他们认为整个世界是为了取悦他们而存在的。他们已经拥有了一切，对此不但不会心存感激，反而会觉得受到了围攻和欺骗。他们被更丰富的物质和父母的宠爱所包围，却动不动就轻生或者厌世。他们太顺了，一遇到点儿挫折就无法承受。

为什么会这样呢？是因为选择太多了！

**很简单**

太多物质意味着太多选择。

太多选择有什么坏处？身为成人，身为消费者，我们很喜欢“有选择权”的这种说法。我们也爱给孩子选择，好像选择对他们来说就像礼物一样，几乎每一样他们看到、想要、想做的事，甚至他们生命中各个方面都可以选择。我们想当然地认为这些选择会帮助他们明白自己的角色，理清他们的个性，让他们找到自我。

然而，事实恰恰与此相反。所有这些选择会破坏孩子们在童年早期自然形成的专注力。让我说的更明确一些：我们的孩子太忙了！与他们命中前十年的进化相比，不论在神经上、社交上，还是身体上，我们大人仿佛静止不动一样。

小孩们的成长需要时间，需要通过玩耍和与小朋友们的互动，才能成为他自己。**如果你在孩子尚未准备好之前，就塞给他一大堆“东西”，强迫他选择，这会让他受不了的，慢慢地会导致一种情绪上的偏差——“还要更多”！**

卡尔·汪格说：“小孩子分不清幻想和现实世界。”在童年世界中，玩具是来自幻想世界的物品，有着强大的象征意义。对孩子来说，那些堆积如山的玩具不是会令人跌倒的杂物，而是一种他们正在形成的世界观的一个微缩图。这座山，投射出一个很大的象征意义，潜在的意义是“我可以选择这个玩具或那个玩具，或是再下面那一个，它们都是我的。可是有这么多，没有一个有价值，我还得另外买一些玩具才行！”这种世界观也影响着他们的情绪。总是有太多选择的孩子会有“那些全都没价值”的感觉，然后，永远对那些不可捉摸的、还没有的东西更感兴趣。“要更多”是他们对权利的感受，这种要求产生的根本原因就是太多主权和太多选择，但实际上，这种权利的背后隐藏的是孩子们巨大的脆弱感。

我们是孩子生命中的成人。我们是长大的人，也是爱他们的父母，我们可以通过适当限制他们的选择来帮助他们，我们可以将他们从这些过多选择和过多“东西”的包围中解救出来，以此来扩展和保护他们的童年。

面对那些花巨资想要影响我们孩子的儿童用品公司，我们可以说“不”！

对那些想要参加简化方案的父母，我都会要求他们想象一下自己站在孩子儿童房的门口，然后想象一下最想下手收拾的东西。结果答案通常是——“玩具”。

## 玩具

想象一下，你把孩子所有的玩具都堆放在儿童房的中央。把家中所有边边角角的玩具都堆在一起，包括客厅沙发上、卫生间的洗澡筐，所有地方的玩具都搜集到一起，堆成一个小山。

现在，站在这堆小山之前，将它减半，减半之后再减半，也许还可以再减半。第一次挑选出来的一半应该丢掉；第二次挑选出来的一半，可以丢掉一部分，收起来一部分；第三次再挑选出来的一半，才是留下来玩的。总之，最后你应该只剩下很小一部分的玩具才对。我知道，这种建议让我们看起来像是“小气鬼”，跟电影中的慈爱形象截然相反。不过，请忍耐一下。

现在，让我们再来仔细观察一下这堆玩具，我会告诉你哪些应该留下，哪些应该暂时收起来，哪些应该直接丢掉。然后，我还会讲一讲固定数量的玩具对孩子们有什么好处。但首先，我请你仔细想想你家孩子拥有玩具的数量，然后想象一下减量之后会发生什么。

### 很简单

孩子看得到、拿得到的玩具，其数量应该被大幅度地缩减。

在各个媒体中，都有各种各样的信息告诉我们，各种各样的玩具能够开发孩子们的想象力。那么，如果一个玩具能达到这样的效果，给孩子10个玩具，是不是想象力就能增加10倍？带着这样的想法，我们都认为给孩子更多的玩具可以给孩子带来更多的欢乐，激发更多的潜力。加上小时候，我们自己处于一个物资匮乏的时代，没有什么玩具，我们更想给孩子提供很多很多的玩具，认为这样就能给孩子带来更多的幸福感。

然而，**家长们这种爱的冲动可能被利用了。**广告商试图让我们相信，孩子们的内在潜力只有靠玩具、特别是他们的品牌玩具才能开发出来。按照他们的说法，我们的孩子想象力是空白的，都得要靠各种各样的玩具来创造。

其实，创造力本来是孩子们天生都有的，现在却硬生生地被广告公司抢走了，被说成了玩具公司的功劳，是他们精心开发研究的杰作“开发”和“刺激”出来的。在玩具过分商业化的今天，玩耍不再是孩子们的自然世界了，更像是依赖成人所提供的东西而存在的世界了。

我们慷慨的冲动也可能被扭曲。因为，如果玩具一概有益，那我们就应该毫无限制地买、买、买，买更多！“给孩子最好的”这种父母本来的良好愿望，最后可能会变成一种习惯，变成购物瘾，只是为了满足自己的心理需要，而不是为了孩子。现代社会中，很多父母都是被逼无奈的工作狂，而在养育孩子这件事上参与度太低了。于是，这些父母有时就用玩具或物质上的东西来弥补亲子关系。孩子看到玩具时的高兴，填补了我们内心的空虚。我们总是太忙了，时常觉得亏欠孩子，恰巧，给孩子们买新的东西成为我们与孩子“连系”的快餐方法，而“快速”总比“没有”好吧？

无论是迫于孩子的小小威胁，还是被广告灌输了头脑，或者是为了满足自己的心理需求，只要你处在不停地给孩子买新玩具或新东西的这种状态之中，你就等于是在对孩子说“快乐是可以用金钱买到的！”“你是宇宙的中心！”这种潜台词会对孩子的世界观和价值观产生深远的影响。

看着孩子玩新玩具的乐呵劲儿，难道做父母的不高兴吗？这确实是一种欢愉。身为父母，我们很高兴看到他们全心专注于某样东西的状态，完全投入到玩耍之中。怎么看也看不够。不过，孩子这种本来的能力，可能被太多选择和太多的物质所破坏。堆积如山的玩具中，没有一样是孩子真正珍爱的。由于玩具太多，孩子专心玩某一件玩具的时间和注意力被大大缩短。父母们想要给孩子更好、更多的物质满足的这种欲望，不但没有开发出来什么潜能，反而破坏了孩子的注意力，让孩子们越来越难以专心投入。

更讽刺的是，这种物质过剩也许会剥夺孩子真正的创造力源泉：单调。在第五章里，我会重点谈论这个问题。这里先简单介绍一下，基本上而言，“单调”是“创造力”的伟大推动者或煽动者。“无事可做”的挫折感通常是一些美妙事物的起点。**如果，每次当孩子感到无聊的时候，你就提供给他们一个新的玩具或者是其他娱乐，那实际上就是在剥夺他们发挥创造力的机会。**

所以，关于玩具，我有一种转换角度的建议：“少即是多”。我们不需要大量的玩具来开发孩子的想象力。孩子们的想象力是与生俱来的，他们只是需要不受限制的时间感和轻松感来激发它而已。

### 很简单

在减少孩子们的玩具和杂物“量”的同时，孩子们的专注力和深度玩耍的能力也得到了增强。

我再举一个实例。有一对年轻夫妇，苏和麦克，成功实施了这个简化项目，并且取得了实效。他们的经验值得很多父母借鉴。

苏和麦克有两个孩子，5岁的女儿伊莉丝和3岁的儿子麦奇。两个孩子总是为了玩具争吵。他们有很多很多玩具，爷爷奶奶、叔叔阿姨送的，甚至都不知道什么时候送的，就慢慢地堆积如山了。但是两个孩子对待玩具的态度不同。女儿总是喜欢整理这堆玩具，把它们归类放好。而男孩恰恰相反，喜欢在姐姐整理玩具的时候搞破坏。每当此时，两个孩子就会发生争斗。当夫妻俩看到简化法的相关介绍时，立即表示了深切的同感。于是，他们决定对这堆玩具下手。麦克说，第一次的裁减大约花了3天才清完，不过最终，他们还是成功地将玩具的量缩减到了原来的十分之一。

每个人听到这里都会问同一个问题：“那你们的孩子有什么反应？”其实，一开始，孩子们根本没有注意到。直到最后一次的缩减时，夫妻俩把那些不丢掉的玩具暂时收藏起来的时候，孩子们才发现。妈妈说：“最初，他们就站在剩下的一小堆玩具面前，我和爸爸都没敢多说话，只是说，有些玩具被收起来放好了，需要的话再拿出来。但是，话音未落，他们就开始玩了，而且他们在仅剩的玩具中发现了一些许久都没玩过的，用对待新玩具一样的态度开始玩了起来。”

苏与麦克曾担心他们的孩子无法好好相处。虽然，平常人家如果有两个以上的孩子，也会偶尔发生摩擦。但伊莉丝和麦奇之间所反应的不是普通的摩擦，而是“太多”、“受不了”的两种不同表现。伊莉丝对这些玩具的反应是试着去控制它们，把它们“赶”到一块再分类。而麦奇的反应就是打烂它们。伊莉丝不断阻挡她的弟弟，以保护自己建立起来的秩序，但这反而让弟弟的破坏行为更加剧烈，于是冲突就爆发了。她的行为是持续整理，过度控制。而她弟弟的行为则是创造混乱，是很显然的行为失控。

在夫妻俩采取了简化行动之后呢？孩子们的争吵消散了（并没有完全消失，但是淡化了不少），现在，他们更专注于玩耍了。当夫妻俩描述孩子们玩耍时的具体情况时，我就知道，孩子们已经脱离了“太多”所造成的高压环境。他们不再随时爆发了，也不再是“整理者”和“毁灭者”。他们都非常专注于自己的玩耍，而且似乎在玩耍的阶段上也有进步。一开始，是“并行同进”（我玩这个，你玩那个）；然后是“合作交流”（如果我用你的砖块和我的砖块合在一起就可以盖个更大的房子）；三是“角色扮演”（我当女巫，你当森林里的小男孩）；最后发展到了“规则游戏”（如果有人碰到那条线就出局了）。

在介绍这段经历的时候，夫妻俩还提出了一点儿额外收获。那就是，当夫妻俩携手同心收拾孩子的玩具和房间时，体验到了很久没有过的“同舟共济”的感觉，而且看到简化之后的效果，以及孩子们的积极改变，两个人的心也变得更近了。

很明显，在这个简化的过程中，作为父母的苏和麦克，自己也有所进步。

## “更少”所带来的力量

在我多年的“简化”经验之中，我找到了一些基本的指导原则，可以明确地指导大家如何减少身边东西的“量”。我们更关注孩子所处的环境，所以我们会特别强调他们的房间。不过，只改“局部”是不行的。因为，孩子的公平感已经发展完好，他们能看出“伪善”。如果整个家里的其他房间都杂乱，到处都堆满了杂物，每一个缝都塞满了，那么你刚刚简化了的儿童房就无法持久。整个家庭环境要平衡，如果你不希望孩子的房间重新变回杂乱无章，那么你就有必要收拾收拾其他的房间，让整体保持协调。让简化的承诺得以延伸。

一个孩子到底应该有多少玩具，有一个“特别好”的数量吗？我可以明确地告诉你，没有绝对的数值。有一次，一位母亲问：“如果你说少一点儿玩具比较好，那是不是最好没有玩具？”这绝对是错误的想法。我不是在倡导剥夺玩具。对于每个年龄阶段的孩子，都有必要保持一定数量的玩具，而且这些玩具要有很好的组合。**对于孩子们特别喜爱的玩具，妈妈们要把它们看做圣物，长期保留下来，因为它们对于孩子有特殊的意义。**这个问题我们稍后再细谈。

**很简单**

数量较少，管理起来很容易的玩具，会引导孩子进行比较深度和投入的玩耍。堆积如山，杂乱无章的玩具则会引来情绪上的疏离感和“受不了”的感觉。

如果你家的玩具太多，你就得削减相当大的量，而这项工作，最好是在小孩不在旁边的时候做。只有你自己或者加上配偶的另一方，你可以大力清理，自己去感觉哪些玩具应该留下来。当你做完以后，孩子的反馈也许是发现到有一两样玩具不见了。不过，如果你想和孩子一起来做这项工作，那么，不管他们是3岁还是12岁，多半会跟你争论每一件想要丢掉的玩具，他们会宣称对那些从没玩过、坏掉或早已忘记的玩具有多么深厚的感情。最后的成果也就可想而知了。所以，我再强调一次，一定要在孩子们不在场的时候做。

如果你能把还能玩的玩具捐给福利院等慈善机构，让它们继续发挥功效当然更好，不过，无可避免的第一步就是要丢掉许多。玩具堆中那些已经坏掉、认不出来、散落的玩具残体，都必须要扔掉。

在裁减玩具的行动中，有一个最可信的指导原则，问问你自己："这个玩具能让我的孩子发挥想象力吗？还是太程式化了？"这里我说到的程式化的意思是，太成品、太精细，某"一种"特性太多了。这是不是"一个成品型"的玩具，还是孩子可以随意改变、随意变化、不断完善的？**这玩具是只需要孩子坐在那儿，按个按钮就能玩的，还是需要孩子花心思琢磨一阵的？**

我来举例说明一下这个观念。芭比娃娃是全球范围内都非常受欢迎的玩具，可是，她也是受到暴力最多的可怜虫。我相信许多父母都可以作证，"为什么在沙堆和玩具堆中有这么多芭比娃娃的零件？""为什么可怜的芭比娃娃在陪伴孩子的过程中常常少了脑袋和胳膊？为什么她们的遭遇这么惨？"

简单点儿说，就是因为芭比和她的男朋友都太"程式化"、太"成品"了，虽然他们可以穿不同的衣服，有很多不同的配饰，但是他们的表情、身体，他们的形象很"固定"，不会引起孩子情绪上的参与。很"固定"的玩具或是观念上复杂的玩具，通常，会被拆解或是丢在一旁。在你挖掘玩具堆时，我想你会发现有许多这类"固定"的玩具少了一些肢体。当这类玩具无法吸引孩子投入太多的情绪参与时，就会遭到破坏。

你可以回忆一下，**那些能在你记忆中存在很久的，通常是最简单的玩**

**具。**在玩耍中，越简单的玩具往往能扮演更多的角色。想一下那些你曾经珍爱过的玩具，那些你留到成年之后都舍不得扔掉的玩具，一定都是很简单、很基本的玩具。当然，也许你会说你小时候没有这么高科技的玩具，全是简单的，但是就算是在这些有限的、简单的玩具中，你多半记得的也是那些相比之下，更简单的玩具。

20世纪70年代，建筑师西门·尼克松写了一本书，叫作*Theory of Loose Parts*，里面有些话经常被设计儿童游戏场的人引用。他的原话是"在任何环境中，创造力和发明力和环境中的'可变'元素的数目有关。"换句话说，就是孩子们玩耍的环境中，可以移动的、可以转化的东西越多，就越能激发他们的想象力和创造力。在大自然里，孩子们能把从溪流中取来的石头堆成山，森林里捡来的一堆木棒做成房子。创造力不在东西本身，而是在孩子们移动、想象、设计这些东西的过程中产生的。这种弹性就是"定型"的玩具与"开放性"玩具的差别。

现在，许多玩具公司不注重设计那些更有弹性的玩具，而是设计了越来越复杂的高科技玩具，这是不是挺讽刺的？《纽约时报》注意到这样一种趋势，那就是传统玩具在逐渐与电子产品合并，报道说Fisher-Price，WowWee，Hasbro，Razor USA和其他大的玩具公司，应对近年来不断下滑的玩具销售，所采取的手段就是研发更多更多的高科技玩具。这样做的原因之一，是"年龄压缩"。什么意思？现在，很多以儿童为市场的公司已经开始不仅仅针对产品的适龄群体推销了，转而加强了向更小年龄的消费者推销并不适合他们年龄段的产品。商家的辩辞是，由于现在的孩子比以前营养好，所以成熟得更早一些，于是什么都得提前。他们走向越来越小的儿童群体，希望扩展他们的市场，希望能更早地将儿童"拉"大——商业上的"揠苗助长"。6岁的孩子，特别是女孩，就被定为7～14岁产品的适用目标。"现在，很多8～10岁的女孩就会收到她们的第一部手机。"THQ无线公司全球市场总监杰夫·努兹说："我们把这种现象称为

‘移动电话成年礼’。”

这种高科技玩具的潮流是建立在“更多的刺激才能抓住孩子们的注意力”这种假设之上的。这种说法的广告，一而再，再而三地充斥着我们的周围，向我们推销这个观念。玩具公司想要向父母证明这样一种论调，玩耍需要“产品”，父母一定要不断增加玩具的数量和复杂程度才能抓住孩子的注意力。然而，在我们这种超快、超压力的世界中，我们的孩子肯定不需要更多的刺激了。

但是“玩具产业”的营销用语很抓人心，很有诱惑力：“这种超复杂、高科技的玩具什么都有，它能够完全抓住孩子的心——‘只有它，就是它了’！”很悲哀，我看到许多父母无意识地、全心全意地接受了这个观念，持续购买最新上市的玩具。这种购买可以变成一种“瘾”，买玩具的人和接受玩具的人都会上的“瘾”。

这是一种模式的改变，因为如此，它与我们的直觉背道而驰。我们已经被迫在另外一个方向的道路上走得太久了。

玩具只是其中之一，只是那些背离孩子真正需求的各种东西中比较有代表性的一种。通过简化孩子的玩具数量和复杂程度，我们就给孩子建立了一个“自由”的世界，让他们发挥自己的想象力。当没人告诉孩子去要什么，去想象什么，他们就可以学到追随自己的兴趣，相信自己内心的声音，然后去做自己想做的事情。

### 很简单

如果你给孩子越来越少的复杂，他们就会变得更有兴趣、更加专注，就会养成真正的专注力。

当你采取了简化行动，就等于把孩子们推向他们的“注意力”那边，让他们投入到所做的事情上。当他们脱离了那种因为玩具过多而产生的无形压力时，就可以全身心地投入去玩那些已有的玩具，而不是想要更多。而当玩具很简单时，孩子就可以投入更多的自我，于是，**“更少的玩具”给了孩子一种自由：参与、吸收和投入的自由。**简单的玩具在玩耍中可以变成任何东西。当我们不再试图用批量生产的“想象”去填充孩子的内心时，他们就有更多的自由去自己创造，将他们自己的想法带入玩耍之中。

当玩耍的世界重新站到孩子的阵线中，而不是消费主义的阵线时，我们做父母的角色也同时得到了简化。当你敢于对“孩子的发展是一种必须赢的赛跑”和“想象力可以买到”这种说法说不时，你就摆脱了被动消费的阴影。孩子得到了时间和自由，更加深入地去探究他们的世界，而我们也从错误的责任感、控制感中解放出来了。父母慷慨的冲动，可以用更简单、更有力的方法来为孩子们服务，而不是提供那些没完没了、“非有不可的”最新上市的玩具。**保护好孩子们“开放的、无止境的、有想象力的玩耍”的时间和机会，就是对孩子最好的爱。**

## 让我们开始行动：选出那些“必须丢掉”的玩具

简化玩具的主要目标是减少孩子们玩具的数量和复杂程度。下面，我列出了一个清单，让你记住在收拾孩子的玩具堆时，哪些应该丢掉。记住，你是最后的裁决者，这个清单只是一个指导原则。不论你是否认同我的其他理念，这张清单至少可以让你想一想。你也可以建立自己的标准，但最终的目标都是让眼前的这座山变小。剩下的、那些没有丢掉的玩具，可以分成两个部分：一些留在房内，剩下的放到储藏室里。放到储藏室的玩具，日后也可以拿回来和房间内的玩具交换一下。这样能保证新鲜感。

## 10种必须扔掉的玩具清单

### 1. 坏了的玩具

不论大小、新旧，除非是孩子最爱的玩具，坏了就丢掉吧！这包括那些你认为通过“回场返修”能修好的玩具。如果是孩子真正挚爱的玩具，你可以修好或叫人修好，那就考虑留下，但是修好以后也要先收起来。

### 2. 不利于儿童成长发展的玩具

那些孩子几年后“长大”才能完全适应的玩具，也是没有任何意义的。在收拾的过程中，你就会发现，那些越简单、越基本的玩具，往往有较长的生命周期。一个结实的卸载大卡车可以玩好几年，孩子钟爱的洋娃娃也一样。不过大部分玩具，特别是那种受特殊限制的，比如某个特定角色或电视节目里的角色，或仅属于某个年龄阶段的玩具，都有一定的“失效期限”。定期缩减玩具，就像你清理旧衣物一样。可以像对待孩子穿不了的衣服一样，把已经不适合的孩子玩具送给其他小朋友。这会帮助你简化，让你脱离消费主义的恶性循环。如果是你自己对旧玩具有感情，你可以为自己留下来，“存”到储藏室中，不要无限期地“存”在孩子留下的那些玩具中。

### 3. 观念上“固定”的玩具

一般的玩具堆中，都会有许多过于细腻的玩具，塑胶模制的电视、漫画书、电影里的角色。美国97%的6岁以下小孩都拥有根据电视或电影角色开发的玩具。这些玩具可以让孩子们想起那些曾经给他们带来快乐的电视节目，但也意味着潜在的未来消费。因为这些电视节目和它们的续集还会开发出更多更多的玩具，而孩子们肯定还会要求你购买。不过，请你把这些可爱的卡通玩具都堆在一起，然后问问自己：“它们是谁的想象力成果？好莱坞的，还是孩子的？”

## 4. “太固定”、“太易坏”的玩具

男孩子一定会喜欢那些机械功能的玩具，电动汽车和机器人之类的。这些特定的机械功能很容易就会坏，就像其他的固定型的玩具一样，这个电动汽车在玩耍中无法变成其他的东西。它的僵硬观念不会增加孩子的想象力，时间久了，反而会侵蚀掉孩子的想象力。

## 5. 高刺激型的玩具

那些努力创造出大型电玩游乐场体验的玩具，那些拥有闪光灯、电子音效、高速等立体效果的玩具，会将孩子的刺激标准拉得很高。这种玩具的设计标准和出发角度完全是成人化的。我反对这类玩具的原因，是它们会渐渐累积成一种发狂状态。现代社会中，许多孩子们正在体验的东西，都会对孩子们的肾上腺素产生强烈的刺激效果。无处不在的广告、电视节目、电影，从设计伊始就是要让你的感官超载，孩子接触到成人新闻和媒体的机会越来越多。频繁的肾上腺素暴发会让孩子体内的可的松浓度增加，而这种浓度不易升高，也不易下降。人体的激素不会分辨压力的真伪。不管激素的增高是来自“娱乐”还是“真正的危险”，它们对孩子生理上的影响都是一样的。

纯真的孩子们看起是如此缺乏保护，又如此容易受到影响，这个市场就变成了一个可以随便剥削的金矿，于是抓住他们注意力的竞争就变得异常激烈。广告商觉得他们必须大声叫嚷，才能被听到。再加上目前这种流行的看法，他们觉得需要越来越强烈的刺激才能抓住孩子的注意力。在如

此超速和超载的社会力，为什么我们还需要“娱乐”和“刺激”？为什么要让孩子的均衡状态被肆无忌惮地破坏？在我的工作经验中，看到了这样残酷的现实，孩子的神经系统已经被调到一种长期高度紧绷的状态，而这种不正常的状态比比皆是，甚至已经被看成了新的“正常”状态。这就是每天过多的感官刺激长期积累的结果。

## 6．令人不安或具有攻击性的玩具

你会发现，有些玩具会同时包括了以上许多特征。就算不是高刺激的玩具（通常都是），也会对感官有一些攻击。它们通常是“孩子最爱的叔叔给的玩具”，是那些自己没有孩子的人或只是偶尔拜访一下的人买的。这类玩具能发出很嘈杂的声音或是展示攻击性的态度，或是外形很丑。那些父母觉得有攻击性的玩具，也许对孩子来说攻击性不那么强，但是也应该被列入丢掉之列。**童年早期是个探索期和感官发育期，感觉好的玩具和自然材质做的玩具会吸引孩子们的探索欲。**玩具市场充斥着很多便宜的塑胶玩具，父母很容易成打成打地买给孩子。在消除家中的多余玩具和杂物时，你“可以”有选择性，只考虑留下那些在感官上真正美丽的玩具。

## 7．那些宣称对孩子潜能发展有促进功能的玩具

不管制造商如何宣称，这类惊人的新玩具都不会令你的孩子更有创意、社交适应更强或者更聪明。父母们应该明白的是，**孩子的创造力是他们成长中的本能，是内在的、自生的，不是外来的，我们要把这权利还给他们。**一旦清楚了这一点，作为父母，我们就不会再觉得要去“训练”、“辅助”他们会自然发展的各种“潜能”有多么大的压力了。让孩子们重新得到“玩耍”的权利，这是他们该有的权利，我说的是自然的、本能的“玩耍”，而不是已经商业化的“玩耍”。如果你感到有压力，害怕如果不

买这些玩具，你的孩子就会“跟不上其他的同龄孩子”，你也要考虑是否会买到恰当的玩具。我不是指这类玩具有害，而是建议你想想这类玩具会是怎么一回事儿。它们不但昂贵，会令孩子超载，也脱离了“玩耍”的轨道。“玩耍”不是赛跑，也不是大跃进。

## 8. 在孩子的纠缠之下买的玩具

你是不是“纠缠的力量”的牺牲者？许多父母都是，至少在有些时候是。有研究指出，小孩要求购买某个物品的平均次数是8次，但是11%的孩子承认，他们有时候会要求买某个物品超过50次，如果你看到这个东西在你孩子的玩具堆中，表示你曾经投降过。看到这种孩子们曾经“很想要”的玩具现在被埋没、被遗忘，是不是会有些失落？这也是一种提醒，提醒着父母和孩子都是极具侵略性的玩具商业化市场的牺牲者。作为父母，你可以通过限制孩子看到这类广告的机会，不被这种诱饵所诱惑，就能够有效地减少这种情形的发生。

某些玩具公司会给孩子一些奖励以保持孩子对该品牌的忠诚度，这样有点像“金字塔营销法”的儿童版，这些玩具公司让孩子上他们的网站玩游戏，给他们可以逐渐增加的点数或奖金，鼓励孩子“邀请你的朋友”来网站上，于是，你的孩子就心甘情愿地成为了该公司的免费推销员。

在这类玩具中还有一种“三分钟热度的”玩具，这种玩具抓住的是孩子们攀比的心理，“其他人都有，我也必须有”的这种心理，面对孩子们的苦恼，家长们很难说“不”，但是相信我，这种困难是暂时的。这种玩具的生命力很短暂，也许过不了几天，热度就过去了，马上就会有新的玩具取而代之。如果你妥协了一次，那么每次“热浪”来袭时你都得屈服。如果你在第一次就坚强地挺住了，那么以后你和孩子都能免受其害。当孩子逐渐长大，不单单是压力会增加，这种玩具或物质本身的价格也在不断攀升。如果你总是放纵孩子去参与这种“一定要有”的竞争，久而久之就会腐化孩子的道德感和世界观，让他们弄不清楚什么才是生命中重要的东西。这种攀比也是一种瘾，在这种“跟上时代”的游戏中玩得越久就越难停止。

我大女儿8岁时，她的一个朋友得到了一个很贵、大家都喜欢的洋娃娃做礼物。在那之后几个月内，她的许多朋友也有了那个洋娃娃。这些昂贵的玩偶是“三分钟热度”类别之中最具典型意义的。我举这个例子，是为了说明，这种玩具对孩子们的友谊产生了不好的影响。最开始，大家没有完全专注在玩偶之上，也会分享着一起玩。可是，没过多久，这本来和谐的六个女孩，因为这种玩偶，严重地分裂成“有的”和“没有的”两群，本来和谐的玩耍气氛，被愤怒、伤害和嫉妒所替代。

在这些女孩中，有两个女孩的父母没有给她们买玩偶。我跟他们谈了谈，决定不论我们是否买得起这些昂贵的玩具，我们绝对不向压力投降。一两周之后，我们就注意到受伤的感觉已经消除。“没有玩偶”的女孩子已经继续前进，投入到其他的事情当中。“有玩偶的”女孩子则感觉到因为玩偶这件事儿被孤立了，她们不得不开始重新努力回到群体之中。

## 9. 鼓励暴力倾向的玩具

提到“暴力倾向”，许多父母就想到了“枪”或“武器”类的玩具，事实上，任何玩具都可能在某些时候鼓励不愉快的玩法。这种类型“一眼就能认出”。让我们以枪类玩具为例，很明显，男孩子都非常喜欢枪，而且可能随手拿个棍棒就当作枪来比画。我并不担心这情形，这种武器可以发挥孩子们的想象力，而且不会伤人。但是，装有精细塑胶子弹的来复枪就是另一回事了，就算它们不能射子弹，它们的细致和仿真似乎有点赞美暴力的意味。你也许会发现，关于仿真枪支玩具的研究支持两方面不同的看法。但是我个人毫不怀疑，暴力电玩、电影、电视节目都会对孩子玩耍产生负面的影响，也会影响他们和玩伴们的互动。

### 10. 会越变越多的玩具

玩具可以变多，好像魔法一样。举个例子，你的孩子有个最爱的毛绒玩具象，时时刻刻被孩子捧在手里，甚至喜爱到连睡觉都抱着。你和你的配偶或任何其他家中成员，见到这孩子这种疼爱玩具的景象，可能会受到鼓舞，给它买更多玩具象的兄弟，或其他森林动物来作为它的各种“朋友”。很快的，各种卡通形象满床都是。太多了，孩子没法拿着玩儿，也无法“照顾”它们，比如偶尔洗个凉水澡或是请它们来“喝茶”。每个新玩具都有名字。围绕在这么多新的、没被抱过几次的同伴之中，原来那只象突然间看起来有点破烂不堪了。

我想说的是，**如果一个玩具赛车很令孩子快乐，并不是给孩子买三个赛车就会给孩子带来三倍的快乐。**如果孩子有许多版本或许多复本的同一种玩具，那么，你就应该考虑将数量减少到孩子可以管理、可以关爱的一个小群体。如果你的孩子已经对“原来”那个玩具（不是它的复本）有了特别忠贞的爱意，这种做法就更重要了。父母想要增加孩子的情感关爱是一种良好的企图，但却可能造成相反的效果。**当你将一种真正的情感，变成过多、过剩时，我们可能送出了一个错误的信息：情感关系是可以随手丢弃的。**

## 别担心，解药来了

看完这张清单，你是否开始郁闷了？就算没有郁闷，也会令许多父母踌躇不前。我们已经非常习惯地认为玩具都是好的：“真好玩！”“有教育性！”“保证可以讨小孩欢喜！”也难怪孩子的房间里和柜子里都塞满了玩具。谁会想到“玩具柜里隐藏着邪恶”？！谁要去看那些没有打广告、没有企图、对我们小孩没什么正面效果的玩具？谁会想到有这么多玩具竟然会影响孩子的“注意力”和“受之无愧感”？这种感觉的确令人沮丧。但是，我要告诉你，不用太担心，因为这是可以改变的，接下来，我会给大家介绍一个令你开心的解药。你会看到简化之后的玩耍环境是什么样子的，能给你的孩子带来些什么！

为了不让你坐在这些成堆的玩具中间，面对要丢的、要收的和要留的三大堆玩具发呆，我会提出几项整理的建议。之后，我希望你能以乐观、鼓舞的心态来看，看你是如何简化孩子的玩具和玩耍环境的。

## 整理好留下来的玩具

一旦你从这些堆积如山的玩具中清理出来个大概，那就恭喜你了。把那些让你烦恼的玩具扔到“需要丢弃的玩具”堆中，你会感到很高兴的。顺便说一下，为了避免有人伤心，你可以用盒子把这些玩具装起来，再贴上赠送人的名字，例如“奶奶送的”，“某某叔叔送的”，等他们来拜访时又可以拿出来。清理杂乱本身是一种欢乐，再度见到清洁的桌面、清明的线条和简单的色调，而非乱七八糟的线条和颜色，会让你和孩子都有一种平静感。

一旦你确定了哪些是要丢掉的玩具，接下来需要处理的就是那些看起来还好、没坏掉、但并不一定要留下来的玩具。这些玩具可以收入储藏室，留着以后和有幸留在房间内的玩具做交换。但是，交换的时候有一个原则，就是“一对一”原则。也就是说，从储藏室拿一个玩具进房间，房内的另外一个玩具就要被放入储藏室。有人说，这是不是太苛刻了，但如果不按照这种方法，那么你的家很快就会恢复原状！简化是需要持之以恒的，很多父母达到一定程度之后，就会对成果沾沾自喜，觉得不再需要

“努力”做简化了。所以，要想取得永久的胜利，必须要让简化的过程和做选择的思维成为你的习惯。

理想的情况是，你只要保留很小数量的玩具，这些玩具是孩子所钟爱的，随时能够看到、拿到的。除此之外，其他的都可以放在篮子或柜子中。也许可以放在床底下，要玩的时候可以拉出来或者用布或盖子盖起来。可以用你任何一种你自己习惯的整理方式来管理这些玩具，但宗旨是好好限制“眼见的杂乱”。我最喜爱的方式是用大篮子把玩具都装起来，然后用有色的布盖起来。

通过将少量的玩具放在“可移动的”收纳容器里，可以让孩子参与到收纳和清理的过程之中。如果篮子或玩具箱不能移动，小孩通常一次只能清理一个。过程是这样的，你让孩子收拾玩具，他会拿起一个走到篮子前丢进去，然后当他转过身，看到任何有意思的玩具，就会重新投入到玩耍当中，而忘记了你让他们收拾玩具的任务。如果篮子可以移动，孩子会把篮子拉到需要收拾的地方，收拾完了再把篮子拉到别处接着收拾，一直到干完了为止。在一次只能看到、只能拿出“一篮子”玩具让孩子玩的情形下，孩子就比较能够专注于玩耍和清理。塞满玩具的大玩具柜，看起来好像是个大宝库，充满着各种各样的可能性，但就日常生活来说，它只能创造或者是重新制造出混乱。如果家内过于杂乱，那么太多的东西和太少的时间必然会产生冲突。有太多东西时，孩子的反应多是拖延，让他们去清理就更难了。

**孩子五分钟内完全靠自己的力量能收起多少玩具？**请你按照这样的标准来维持需要留下的玩

具数量。要想做到这一点，就要坚持“将大部分玩具收起来”的原则。必要时，使用杀手锏，可以说：“现在外面的玩具已经够多了。”

在接下来的内容里，我还有更多关于整理的建议。不过，在讲了这么久的什么“不该”留下之后，你也许会很想听到“该”留下什么。在做完丢弃的工作之后，让我们想一下玩耍，想一下简化之后的玩耍会是什么样子。

## 简化之后的玩耍

什么能让孩子高兴而且投入？你是最好的裁判。你知道哪些玩具适合他们的成长，哪些受他们珍爱。我想，在简化之后，你会惊讶于很多玩具消失之后，竟然会被孩子完全忘记，毫无留恋。另一方面，你也知道哪些玩具能获得长时间的青睐，也许会暂时放在架子上，但你知道这只是暂时的，但这个应该留下来，因为不久以后孩子又会开始玩了。你知道哪些是被他们带来带去，在他们心中有地位，会出现在他们的故事、交谈，甚至梦中的玩具。

关于哪些玩具应该留下来，其原则要比丢掉的原则多，但我不会列出具体的清单。与其列出哪些玩具适合孩子玩，哪些不适合孩子玩，不如来谈谈关于“玩耍”的看法，在心中建立一些关于玩耍的“印象”，而不是固定的某种玩具。让我们以一个假设开始讲（在你饱受堆积如山的玩具碎片的困扰时，我相信你会这么假设的）：**你的孩子并不需要许多玩具或某个特定的玩具才可以玩耍，他最需要的是不受约束的时间。**

希望你在简化孩子的玩具和玩耍方式的过程中，体会到你同时也简化了自己做父母的“责任”。你不需要去刺激、充实他们的玩耍，也不需要去控制它。做父母最应该做的就是不要去干涉孩子的玩耍，但是当他们需要我们的时候，我们能够做到“有空”。我们可以给他们时间、机会和资源。玩耍是“享受此刻”的事，任何父母都知道有时孩子会提出紧急要求，比如要“羽毛”、“很软的帽子”、“可以做手推车的东西”。要提供这些资源可不容易，但是抱着“允许”而不是“控制”的态度，我们就能给孩子们一种自由和自治感。他们的玩耍无所限制，自己可以做选择、做决定，于是在他们的探索过程中就会逐渐做到“自我发现”。

**很简单**

关于孩子的玩耍，父母要做到“让”它发生，而不是“令”它发生，这样才会“百花盛开”。

所以，我不会列出“一定要有的”玩具清单，而是**请你以最简单的方式来思考一下玩耍：玩耍对孩子而言，意味着什么，能为孩子带来什么，它填补了孩子什么需要，从玩耍中会自然发展出什么。**虽然我的建议没有什么奇特之处，但是这些关于玩耍的简单要素是值得每个父母重新思考的。它们也许会提醒你有许多的活动和休闲，其实并不是靠一堆玩具才能实现的，甚至会为父母的慷慨大方（“给孩子最好的”那种欲望）建议一个新的走向。

当你把关注的重点从物质转到体验上来，你就会发现有时间和机会去探索。我们可以给孩子足够

的时间和空间去做他们需要做的事情和身体运动，让他们有更多机会和大自然以及其他人接触。我们的慷慨可以用于满足他们在这些方面的需要：孩子们的古怪装扮、艺术、人生目的、音乐等，快乐并且积极地参与到孩子当中。

当然，各种各样的玩具肯定应该是孩子玩耍世界的一部分，但是，它们不应该是压倒一切的中心。在接下来的文章里，你会看到有的就是你已经确认的、孩子钟爱的、要留下来的玩具。你也可能从下面的文章中得到灵感，在已有的玩具组合中，再加上一些简单的玩具，让他们可能再启发出新的玩耍方向。

## 反复试验

从孩子迈出人生中的第一步开始，他漫长的探索和体验之旅就开始了。从孩子第一次转头，用他的双肘支撑上半身，到最后终于翻过身，每一步都需要反复试验，也需要很努力才能成功。这是一种个人的奋斗，也是一种再创造，是人类进化成直立两足动物的缩影。大多数孩子会在1年半左右的时间里完成这个过程，在这个阶段里，孩子们“在地板上的时间”很多，他们会在地板上伸展、扭动、爬来爬去。

在过去10年里，“感统综合”治疗的案例急剧增加，这种治疗主要针对那些没有在婴儿时期自然形成神经连接和通道的孩子。很多感统失调的孩子都是人为原因造成的，比如父母着急让小孩学走路，或者总是越俎代庖的帮孩子做这做那，反而会让孩子错过了必需的神经发展阶段。所以，**我们应该让这过程自然发生，而不是去催促，去帮助，这样孩子的大脑和身体才能正常发展，这样我们也能帮助他们形成自己的好奇心、注意力、毅力、意志力……所有这些能力都会在玩耍中持续成长和发展。**

## 触觉

孩子在玩耍时会调动和促进他们所有的感官。触觉是婴幼儿用得最多的感官，所以他们无论抓到什么都往嘴里送，因为嘴是触觉最敏锐的器官。孩子的触觉会变成他们对世界的感知，对身体的感知，以及对自己与其他东西界限的感知。如果孩子的触觉没有在这种探索式的玩耍中得到完全的发展，那么，长大之后就可能变得过度敏感。所以，在布置孩子的玩耍空间时，要从触觉方面出发。那些自然的材质和能够吸引孩子们触摸的材质，会对孩子们的触觉探索产生巨大的促进作用。

在室外，孩子们对挖掘特别有兴趣，喜欢感受太阳的温暖和凉凉的、黏黏的泥土。但是，在室内、在他们的房间里，他们会摸到什么呢？什么样的纹理与重量？什么样的棱角与线条？不是每一个玩具都可以提供这些感触，但如果一种玩具能让手指之外的其他感官参与到玩耍中来，那就是件不错的玩具。比如，孩子给玩偶穿上毛衣，扣上扣子，让它坐好然后抱起来，这个简单的过程中，孩子身上从小到大的肌肉都得到了运动。更重要的是，孩子们将更多的自己，几乎整个身体都投入到了玩耍和互动当中。这才是最关键的。摇铃、能套在一起的方块盒子、布娃娃、丝巾、厚毛毯和斗篷、黏土、小石子、原木的各种形状的积木、有节的树枝或木棍、用豆子填充的沙包……它们能给孩子带来的触觉感受是相当丰富的。

有一些家务劳动也能给孩子提供一连串的感官之乐！如果你在家里烤面包，揉湿、拉长的面团、烤时的香味、搅拌各种不同浓度的液体、用

饼干模子做饼干、看着奶油融化、涂在暖暖的吐司面包上……这都能给孩子带来丰富的感官经验。如果是两三岁的孩子，你还可以给她配备自己的“厨房工具”，例如工作台或工作垫、围裙、木汤匙、洗菜刷、擀面杖、深浅锅、搅拌器、抹布等，“小厨师”的游戏可是非常受孩子们欢迎的。如果你是园艺高手，那么你应该带上孩子一起做，而且孩子用的园艺工具也该是真的：小推车、手套，加上小铲子、耙子、镘刀（抹平泥巴用）……

我认为，如果可能的话，**孩子触摸的任何东西都最好是“真的”。**这一点很重要。如果一个5岁孩子手中拿着塑料锤子，他既感受不到硬度，也感受不到重量。如果你担心孩子拿不动，那么宁可选择小型的真工具也比那些花哨的仿真玩具要好。当然，安全最重要，你得教会孩子如何适用真的工具，而且要在旁边看一会儿。**在这种玩耍之中，结果不重要，孩子的参与程度才是关键，让孩子全身心地投入到活动之中，不要苛求他们做得多么的好。**

此外，修东西和做手工也是调动孩子参与兴趣和刺激孩子们触觉的好项目！

## 假装：想象的玩耍

这种玩耍是从模仿开始的。6个月大的孩子就会模仿大人的动作进行有节奏地拍手。很快，当他们进入第二年，就会扮演不同的角色和假装不同的场景，用孩子特有的模仿能力和想象力创造出他们自己的故事和他们的梦幻世界。近年来，越来越多的研究指出，这种“假装”的玩耍有助于孩子“执行功能”的形成。“执行功能”包括了自我规范能力，以及适应环境和各种状况，控制自己的情绪和冲动的能力。

**“假装”是一种有开放式结局的玩耍方法，弹性很大，创意无止境。**生活当中的任何东西都可以用于这种幻想之中。一口普通的家用锅一会儿变成帽子，一会儿又变成方向盘，就是这种富有弹性的创意，会让孩子受用一生。孩子通过这种玩耍可以了解周围的世界。如果缺乏了它，孩子们的创造力和自我认知的能力就会比较弱。**在幻想玩耍中孩子们会做出一系列自主选择，这有助于他们形成自主的个性，长大之后，孩子就不容易被动地接受其他人包装好的观念和思想，不容易受到蛊惑。**

再强调一下，在假扮玩耍中，道具越细致，越不利于孩子们发挥想象力，他们的自主参与度就越低。有了如此细致的公主床，有整套小楼、窗帘、吊桥、城堡，可以想到的东西都有了，还哪里有孩子们发挥想象的空间呢？孩子只能挂起娃娃的公主衣，或者给公主寻找一些新玩伴而已。扮装的衣服、帽子和配件是很棒的玩耍工具，我认为在每一个小孩的玩具盒中都应该有它们的一席之地。但是，要简单的选择而不是很细腻的或固定角色的服装，才能让孩子们变化出多种玩法，每次都有新的想象。

## 体验

**孩子在玩耍中需要的是体验，而不是娱乐。**在玩耍中，孩子们自己做、看、感受和体验得越多，他们与这个世界的联系感就越强，就越不容易感到精神超载。我们生活在一个资讯超级发达的时代，连幼儿园的孩子都对热带雨林的一切了如指掌，但是，这其中有多少孩子在自家的院子里和过泥？他们种过自己的植物、洗过泥巴澡、爬过树、挖过蚯蚓、像我们小时候那样爬上树去看鸟窝里的小鸟吗？

火、水、土、风是自然界的四大元素，让孩子们接触这些元素可以带来很多益处。当然，家长们对火的态度都比较谨慎。但是，土与水的组合还是很安全的，而且这两种元素结合在一起常常能给孩子带来巨大的乐趣，比如和泥、玩沙子。此外，在有风的日子里带孩子出去玩玩，让他们体验一下风吹过的感觉，下雪天带孩子出去滑滑冰，玩玩雪，用棍子敲破冰，有机会带孩子到海边玩玩，都是不错的体验。在上述活动中，孩子们最好的玩具就是桶、网、铲子、风筝、泡泡、篮子以及各种各样的容器……

## 目的和勤奋

我的朋友安娜曾经给我讲过她的孩子，雅各布的“圣诞节早餐”的故事。雅各布5岁的时候，特别喜欢在厨房里，把各种各样的调料搅拌在一起。安娜不像其他妈妈，担心孩子弄乱厨房的东西，反而会给他一些醋、架子上不常用的香料以及其他对孩子来说安全的调料，让孩子玩。虽然对妈妈来说是很随意的一件事儿，但是雅各布很喜爱这工作，非常专心地去琢磨每一种调料，自己给自己的“饭菜”配料。他把自己调制的怪味作品称为“圣诞节早餐”。安娜有时会在烤箱里或者厨房的架子上意外地发现这些“圣诞节早餐”。她认为雅各布

将来一定会有所成就的，但也许不是厨师，而是一名化学家。

孩子喜欢忙忙碌碌，这让他们觉得自己有用。他们很高兴能在周围的生活中有自己的一分子，可以参与做一些事、做东西和修东西。当孩子们做这些事情的时候，请你给孩子提供真正的工具。比如，他们的围裙应该挂在他们伸手可及的地方。在门后适当高度的地方挂一些置物袋，里面放着孩子们用的工具，小扫把和小抹布之类的。

孩子们的“玩耍”常常模仿成人的“工作”：做店员、卡车司机、老师、医生等。特别是学龄前的孩子，他们特别需要这种机会来建立一种“我能做”的成就感。所以，对孩子来说，最好的娱乐方法就是给他们一个任务，让他们参与到家务活中来。家是孩子们最了解的环境，他们需要用自己的努力来影响他们的环境。身为小小的人，他们有时会觉得跟周围发生的一切相比，自己是渺小的、被动的观察者。一种勤奋感、有目的的忙碌能对抗这种无助感。在一个资讯泛滥的世界，每天面对着自己无法改变的问题，我们很容易就会觉得自己很渺小、微不足道。**在孩子的成长中，如果让他经常参与每日家务劳动，那么就能培养出一种内在的“架势”，让孩子变成有能力、有自主性的行动者。**

## 大自然

**如果说现代社会给我们带来的压力是一种毒药，那么大自然就是完美的解药。**理查·鲁夫在他的《森林中的最后一个小孩》一书中，强调了大自然在孩子生活中的重要性：“现代化的生活，缩小了我们的感官界限，我们整天面对着电脑或者电视这般大小的显示屏。而大自然的开阔空间会让我们所有的感官得到加强。”虽然大部分人都知道这是事实，但鲁夫提出了科学证据：在大自然中时，我们的身体是有恢复力的，它会帮助我们从日常生活的压力中恢复，让我们重新获得专注的能力。大自然的复杂性与感官性要求我们去探索、去直接接触和体验。它还能带来一种启发，让我们去发现一种没办法在“谷歌网上搜寻”的东西，**那就是生命的伟大与神秘。**

不论是在公园、院子、空地、凹凸不平的小小块荒野地或是野生公园，大自然都是理想的玩耍环境。我说的自然并不一定非得有多么秀丽的风景，任何非封闭的自然空间都是可以的，**如果你的孩子能够有充分的时间和机会去探求大自然的奥秘，那他的童年必定丰富多彩。**对孩子来说，去了解一个地方，哪怕是很平常的地方，只要能够进行深入的了解，就很满足了。反复地去探究一个地方，知道它在四季中的每一种不同面貌，找出自己最爱的小秘密，这对孩子来说都是有好处的。当然，能够去探究更多的地点会更美妙。孩子如果能对院子或小区里常见的植物、鸟、小动物有所了解和认识，他们就会对自己的居住地有更踏实的感觉。

不论大小，孩子都对自己的“特殊地点”有着强烈的需求。这种特殊地点可能是一个大纸箱，桌子和毛毯做的城堡，或者是临时用布条和绳子围起来的小领地。在户外，“特殊地点”有了更多美妙的可能性。一个树屋、帐篷、吊床，或者大树下的一小块草坪，都可能是孩子们的特殊领地，他可以安静地待在那里看书和玩耍。我的女儿就特别喜欢院子里大树下的一小块地方，平时她会坐在那里看书或者玩过家家。有一天她很诧异地发现在她的特殊领域上有一个完整的蝉壳，她认为这是一个礼物，也是一种示意，仿佛其他生物也注意到她在那儿了。

## 社交互动

最近，我访问了一个幼儿园，见到一群小孩围成半圈，坐在电视机前面的地板上，电视中的人在荧幕上又唱又跳，节目设计就是要让孩子跟着他一起又踢腿又拍手。演员非常努力地做着各种动作，可是电视机前面的孩子们都坐着不动，静静地看着。为什么？因为荧幕是完全没有生命力的。孩子需要与人互动，与“人类”互动，建立社交技巧与个人的个性，这是任何一种“虚拟”的代替品都无法替代的。社交技巧无法通过科技手段获得进步。我们对现代高科技的产品产生了越来越强的依赖性，很多人甚至完全宅在家里，完全不与人接触，越来越多的人发现自己与他人更加疏远了。

有一个例子很有趣，可以跟大家分享一下。我的一位朋友给我讲述了她16岁儿子生日聚会的故事。妈妈对儿子说：“你可以在家里开生日party。”儿子说：“太棒了，我找一些朋友来。” 结果，聚会上来了6个同学，人手一台笔记本电脑以及其他高科技产品，都聚到一个房间里。当这位妈妈给孩子们送水果的时候，发现这些孩子都分散在房间的各个角落里，自己盯着自己的电脑，在玩游戏。有趣吧，这些孩子，喜欢待在一个房间里，但是，所有的眼睛都是看着自己面前的机器，哪怕是谈话，也不会看对方一眼。在第六章里，我会讲述更多关于荧幕与高科技产品的问题。因为这些东西我们是赶不走了，大部分孩子长到十五六岁的时候，这些东西都会成为他们生活中的一部分。不过，有句话说：**“一个人是否能够成功和快乐，最关键的决定因素就是他与其他人相处的能力。”**这的确是真理，人类出现以来就是如此。但是，荧幕和高科技产品不会对这个能力有任何的帮助。家就是一个小小的社会，是孩子们学习社交能力的第一所学校。**爸爸妈妈要经常和孩子讲话、逗孩子开心，跟孩子一起玩耍，拥抱，这样都能帮助孩子建立一种感受，为这些小家伙将来的社交打下良好的基础。**在父母与孩子的交流和玩耍中，孩子能学会如何做人，如何扮演好自己的角色。实际上，孩子们的大部分社交学习都是在家庭玩耍中逐渐完成的。

婴儿就像有魔法一样，特别能吸引人们的注意。他们能从人们脸上的表情、眼神接触、拍手以及其他互动游戏中，学会人生的第一堂社交课。两岁时，孩子就可能与某个固定的玩偶有比较亲密的关系，这个玩偶就是孩子的第一个好朋友。在这个时期，孩子学会了身份定位和关系定位，他们开始学习感受和处理与他人的关系。我再强调一次，玩偶越简单，孩子就能越专注于这段关系，从中学到的东西就越多。外形简单可爱的手工布偶也许会比塑料娃娃贵，但是考虑到它们在孩子的成长中能做的、能扮演的角色，它们就值得投资了。茶具组、木质的动物、卡车、方块、装满沙子的盒子，这些玩具可以让孩子自由发挥，秋千、跳房子、投球游戏、捡筷子、拼图、捉迷藏、纸牌类游戏、跳棋与西洋棋等需要与他人合作一起玩的游戏，会让孩子体验到更多的快乐！

在孩子生命中的最初几年，这些小家伙是非常愿意与人亲近的。他们喜欢和父母待在一起，父母的拥抱对他们来说是最快乐和最具安慰性的。3岁以后的孩子开始喜欢一定的独立空间，但即便如此，你也会发现他们就算是自己玩耍，也会在离家人不远的地方，比如，在你的脚下或者客厅的地上，所以，这个时候，最好让他们玩耍的地方在家庭其他成员经常活动的区域附近。小学二年级之前，孩子还是比较喜欢跟父母亲近的。6

到9岁的孩子，在玩耍时会想要多点私密性。不过，他们仍然会“回到基地”，像海鸥一样在海边的巢穴飞来飞去，回来看看发生什么事。从9岁或10岁起，孩子会真的很想要他们的独处空间，最好给他们准备一个专门的桌子，无论是做作业还是做手工，他们需要这样一个空间。青春期之前，孩子们的玩耍体现了“身份建设”的过程，这是个需要更多独处时间的过程。而13~19岁的孩子，正处于逐渐和父母分离的独立成长期，虽然表面上他们渴望独立，不愿意和你亲近，但实际上，情感上的支持是必不可少的。他们仍需要父母的关注和关爱，但主动权在他们手里，所以，作为父母，你只要准备好，在孩子需要的时候给予适当的关注就可以了。

## 运动

孩子就是需要动，他们需要蹦蹦跳跳，爬上爬下，他们需要摸爬滚打，需要摔跤角力，需要各种球类游戏来感受他们肉体在空间中的运动。科学已经证明跌跌滚滚的玩耍对大脑发育很有帮助，运动能消除大脑前叶多余的细胞、分支和连接。不过科学家们对于玩耍对成长的作用还是有分歧的。比如，玩耍对神经的成长和成形是否必需？活跃的玩耍是否真的能帮助孩子“练习”成人时生存所需的技巧？玩耍是否会帮助孩子发展社交技巧？……

无论科学家怎么说，**运动都是孩子们生活中最重要的一部分。**运动会帮助他们建立平衡能力和协调能力，这是不可否认的。运动也会帮助他们将来生活所必需的生命活力。有一项统计显示，美国6岁以下的孩子，平均每天花费在荧幕前的时间为两个小时。而运动，可以把孩子们从荧幕面前拉开。运动型的玩耍不仅可以帮助孩子强健的体魄，也能让孩子的人际关系更为健康，让他们的童年更丰富多彩。运动型的玩耍有：骑自行车、球类运动、轮滑、秋千、跳绳、搭积木、呼啦圈、弹珠等。

## 艺术和音乐

当我想到孩子和艺术，出现在我大脑中的影像不是冰箱上贴满的图画，而是另外一个更早期的影像：一岁的小家伙站在泥堆里，腿上都是泥巴，手中的水管还在滴着水，他的脸上充满欢乐，不仅仅因为泥巴糊在腿上凉凉的感觉，更因为有了这些泥他能更好地发挥自己的创作才能了。**孩子需要创造，他们需要艺术，需要去感受、观察周围的世界，并且向不同的方向探索。**

捏黏土、剪纸，颜色丰富的水彩画这些艺术DIY活动都会吸引孩子的感官运动，打开丰富的想象世界，让孩子放松思想，在想象力的世界里自由翱翔。不论有没有工具，艺术DIY都是最原始的、最滋养的玩耍方式。

一次，一位妈妈来为她6岁的女儿向我咨询，说孩子晚上入睡困难。当我询问了孩子一天的生活轨迹之后，明显发现这个小女孩需要更多的艺术活动。缺乏运动通常是孩子晚上睡不着的原因，但是缺乏“创造性的表达”也会让孩子入睡困难。这位妈妈是个数学家，爸爸是工程师，他们家的生活是非常有组织、有条理的。小女孩非常可爱，有些胆小，在行动和言语上都非常精确。但很明显，她太紧张了，她需要体会创意的自由，放松一下她的专注力，如果她在白天能够时常体会创意的自由释放，对夜晚入睡是很有帮助的。

做手工是孩子们最初的艺术创作方式。因此，简化后的儿童房里一定要有一叠或一卷纸，坚固的蜡笔（学步期的小孩要用粗蜡笔）和铅笔、水彩、可塑性的东西，如蜂蜡、黏土或橡皮泥，大一点儿的孩子可以准备布、剪刀和胶水，此外，还要有做艺术品的专属空间。孩子五六岁开始，可以做一些简单的手工、削木手工，甚至是毛线编织。这些手工会在孩子学写字时促进手部的运动技巧。还有穿珠、缝线、木工、折纸和陶艺等都是不错的选择。有些幼儿园或者学前班，手工课很少，这种情况下，家长就应该多多在家中培养孩子做手工游戏，这既是一种玩耍也是一种艺术的培养。

音乐，与艺术一样，是创造性表达的另一种游戏方式。婴儿还在母亲子宫里时，就开始接触音乐了，无论是妈妈的心跳、童谣，还是催眠曲，这些带有乐感的节奏从很小的时候就萦绕在我们身边了。音乐不仅对孩子的运动协调性有帮助，而且还有引导作用，帮助孩子表达自己的情绪，与他人建立良好的联系。在第四章中，我会全面仔细地讲述生活节奏的重要性，看看节奏是如何带给孩子安全感的。创意性的节奏表演，也就是音乐演奏会给孩子们带来无限乐趣，对他们来说，下面这些“乐器”能演奏出美妙的旋律：木摇铃、鼓、各种铃或钟、一分钱硬币做的哨子、口琴、简单的直笛、小竖琴，甚至是装着水的杯子。

# 书

玩具绝对不是孩子房间中唯一需要简化的东西。环顾孩子的房间，你不难发现，第二件“过多”的东西就是书。因为，我们对书的看法和玩具是一样的。就像我们希望孩子能够尽可能地玩耍一样，我们觉得给孩子提供更多的玩具，孩子们就能玩得越多。同理，我们潜意识里单纯地认为，想要鼓励孩子读书，就得给他们提供更多的书，书越多，孩子读的就越多。这又是基于我们做父母的“慷慨心理”。而且，没人能否认阅读对孩子的好处。

我们会在第四章中具体介绍阅读和讲故事的内容。故事，毫无疑问可以给孩子带来抚慰与滋养，但讲故事的过程中，有一点是很重要的，那就是重复。那种孩子们一再听到的重复故事，能给孩子带来很大的安全感和确定感。这里先不讨论讲故事的重要性，我们先从简化环境的角度来看看如何对待孩子房间中的书。

经过前面的努力，你已经减少了围绕在孩子身边的玩具数量，已经从空间上创造了新的轻松感，给孩子和你自己的心理带来了一些平静感。对于儿童房里随处可见的书，你也可以做同样的事情。

8岁以前的孩子，房间内的书应该保持在12本以下。有一两本放在孩子随手可拿的地方，其他的书应该放在书架上。这些书都是孩子会一再反复翻看的。虽然我说的数量看上去不多，但是你可以根据孩子的成长需要随时更新这个数字以内的品种组合。所以孩子看到的知识会是一直更新的。孩子七八岁开始，你可以开始加入孩子有兴趣的参考性书籍，例如：昆虫类、动物类、飞机类……

**很简单**

我们对孩子生活中某些东西的价值是绝对肯定的，比如阅读，但我们要对这种东西的价值做深度的维护，要让孩子们珍惜它而不是随意抛弃。

书能给孩子带来欢乐和满足，带领他们进入魔法世界，将我们认为好的东西介绍给孩子们。这么好的东西，多了有什么不好？

其实很简单，想象一下孩子处在图书馆或者书店的柜台前的感觉吧，书的确很好，但一次就在孩子们面前放那么多书，孩子会有什么反应？可能每本都随便翻一翻，但却不会认真坐下来看一本书。而且，当孩子迫切地想要某一本书是因为他的小伙伴已经有了，他却没有时，读书就不是读书了，而是一种消费上的攀比。**这时孩子只是迫切想得到这本书，而不是体验书中的新内容，这就是一种物质"上瘾"。**

更可悲的是，现在的社会中，每一样东西都在过度曝光和过度商业化之下变得乏味了。父母通过设立一个"足够"的界限，把"过多"的困扰留在界限之外，就可以给孩子留下更多的空间去想象，去激发孩子们的灵感，**让他们去享受阅读每一本书的乐趣。**

每位给孩子讲过故事的家长都一定注意到了，孩子喜欢重复。三四岁的孩子会要求妈妈一遍又一遍地讲述同一个故事，连续好几个晚上都是如此。甚至到了孩子能够自己独立阅读时，你也会发现孩子经常反复地读以前读过的书。有时候，他们还会要求你讲述他们已经能够倒背如流的故事。这是为什么？

**"重复"对孩子而言是一种关系的建立，**由重复体验玩耍中的情景，或是讲故事或读书，孩子就能将所学到的东西和自己融合在一起。"重复"将孩子的体验和关系深度化，帮助他们将这些变为己有。七八岁以前的孩子可以连续好几天重复讲一个故事。这种重复的一贯性所带来的安全感对小孩子是非常具有抚慰性的。

小孩不需要什么魔法书、最新的畅销书，或是没完没了的新书来培养他们的阅读兴趣，他们需要的是时间和心理上的放松。他们需要时间来深入阅读，有时还需要重复地读。他们还需要那些能让激发他们幻想、留给他们想象空间的故事。之前我说过的选择玩具的标准，也可以用到选择图书上来。

## 是否适合孩子的年龄

就像玩具一样，童书也是分年龄段的。有些童书，像是给大人读的，并不是为了给孩子听。有很多的小笑话和附属情节对孩子来说完全没有意义，有的是有非常成人化的情节，这在稍微大一点儿的孩子的书里非常常见。所以，**父母一定要对孩子的读物做好把关。**

我的一位顾客，名叫玛丽，就跟我讲过关于她女儿艾仕莉的故事，她是个很早熟的读者。艾仕莉11岁时，从学校图书馆借回一本小说。玛丽听过这本书，知道这本书在13岁以上的孩子中很受欢迎，因此，她想到这本书可能不太适合自己的孩子。于是，她当晚就读了这本书，果然发现其中大部分的内容有些超出了孩子的年龄段。于是玛丽第二天早上对女儿说明了自己的想法。并且给了女儿两个选择，第一，可以她们俩一起看，可以两人边看边讨论，或者艾仕莉再等一年才能自己读。经过一番讨价还价，艾仕莉选择了再等一年。

## 这本书是否以某个产品或电视节目角色为基本内容

跟玩具市场的情况差不多，图书也是一种商品，所以有很多书的商业性是非常强的。有些书以电视角色、电影角色，甚至新闻角色为主角。孩子们在阅读的同时，就会不知不觉地进入商家的圈套。所以，作为家长，我想我们可以为孩子画个“保护圈”。**让我们家孩子的童年时期，对商业化说“不”。**

## 这本书是揭开了一个故事，还是乱七八糟

就像有些过于复杂的玩具一样，有些书也是支离破碎。图书的设计感很重，但内容上没有整体的结合性。这本书能激发孩子的想象力还是仅仅刺激了孩子的感官？这种差别很重要。因为孩子会带着书中的影像进入梦乡，睡觉前孩子们看的书会滋养孩子的梦，从而给孩子带来无意识的、潜移默化般的影响。

我不是要建议对每个孩子进行阅读观念上的一刀切——全都是兔子、小花、爱与和平。对七八岁的孩子来说，童话中的裁缝师小老鼠的尾巴被切掉了，或是有龙来攻击这种情节当然可以。我认为一个好的故事应该让孩子有想象的空间，让他们能够融入其中发挥自我。我比较担心那些设计复杂、五花八门的书，这种书的设计更偏重于吸引孩子们的互动，而不是为了激发孩子们的想象力。

还有一种方法可以判定孩子的书是否合适，那就是看它启发了什么玩耍方式。你给孩子讲完故事或者他们自己读完书之后，他们通常会很快把书里的情节融入实际的玩耍中。那么，看看他们玩得怎么样就知道了，他

们是否玩得很投入？互动是否良好？还是玩耍中出现了侵犯性的行为，造成了更多问题，而不再是玩耍了？

## 孩子的衣服

13岁以下的孩子，孩子越小，一天中换衣服的次数就越多。衣服是童年期替换频率最高的项目之一。从出生到3岁这个阶段，孩子们每天更换衣服的场景要是拍成电影，观众可能都会感到十分惊讶。不仅每天当中需要更换的次数多得让你惊讶，而且常常是一开始穿着大，只有几天穿着合适，很快就变小了这样的经历。

如果你简化了孩子的衣物，也就等于简化了你的每日生活。就像你简化孩子的玩具和书那样，你也可以把孩子衣服的数量简化到一种方便管理和收纳的组合。任何时候，孩子衣橱里的衣服应该只有适合现在身材的衣物。那些太小了，穿不了的衣服可以送出去或收起来，太大的衣物也该暂时收起来。除了当季的衣服之外，其他的都可以放在收纳盒和收纳袋里，然后贴上标签。最好在盒子里放上一些干燥剂，防潮防虫。

当孩子的衣柜里只有适合现在穿的衣物时，找衣服就不再像探索丛林般困难了，甚至连3岁的孩子都能自己去拿当天应该穿的衣服。

**很简单**

通过简化孩子的衣物，能让孩子很容易地把注意力转换到其他更有意义的事情上去。让他们突破选择过多或超载的羁绊，获得自由。

很多家长都有这种体会，家里有一大堆亲戚朋友送给孩子的衣服，有些连穿都没穿过就已经小了，还有一些那些所谓的小礼服之类的，特别漂亮，总觉得不穿的话非常可惜。实际上，对孩子而言，衣服只需要最基本的组合就可以了。对孩子们来说，不是非得穿成什么样子才能上学，或者是穿成什么样子才能去玩。你的孩子也不需要给百货公司或者名牌服装做活体广告。他们的童年，有更多更重要的事情要做。作为家长，简化可以从你给孩子买衣服的时候开始，因为可供选择的衣服越少，着装的过程就越简化。

都说给青春期的孩子买衣服非常麻烦，其实，多样化和风格是父母单纯的偏见，孩子们实际上反而没有那么在意。**对孩子们来说，“选衣服穿”本身是一种误导。**其实不论穿得什么样，一旦穿好了，孩子们对他们要做的事情更感兴趣，而不是对衣服本身。父母往往注重孩子的个性发展，有时候自以为孩子需要多样化和自己的着装风格来突出他们的个性。但实际上，孩子们在玩耍中培养起来的身份感远远比外形更重要。在童年早期，少给孩子们提供选择衣服的机会，你就等于把更多的时间和空间给了孩子，让他们去培养一种内心的声音。“简化”提供了轻松、安心与幸福感，来培养坚定的自我。请相信我，**一旦孩子形成了这种自我感，那么无论到什么时候，他们都不会是毫无个性的，他们的个性也不需要通过去追逐什么流行趋势才能得到体现。**

## 香味与光

在关上你孩子房间的灯与房门之前，还有一些有关简化的建议。

我们大脑中的杏仁体对气味非常敏感。大家都知道，家用清洁剂中含有有毒化学品，弄不好就会发生不良反应。此外，许多家用产品，比如空气清新剂、香薰蜡烛、不同的香皂和清洁剂里，都含有化学香精。各种香味混在一起，对孩子们的嗅觉会造成困扰。这些化学香味会刺激杏仁体，分泌可的松和肾上腺素，造成孩子们情绪上的不良反应。

简化家中的味道和香精味，特别是孩子房间里的，能让杏仁体平静。孩子自己的味道、父母的味道和微细的自然味道能让孩子感到安全和幸福。

**很简单**

太多刺激会造成感官超载。不但要调整声音的大小，还要调整家中的光与味道的“多少”。

很多人家都有地板、瓷砖，墙面上有玻璃、镜子，这些东西会提供整洁的线条和自然的感觉。不过，对小孩子来讲，他们有时会有听觉处理的困难。有些孩子无法将视觉空间感和听觉在大脑中相调和。换句话说，这些平面会造成家庭空间中的杂音反射过多，会令孩子产生困扰。所以，当孩子还小的时候，可以在地板上铺些地毯，家里多挂一些厚窗帘，也许会有所帮助。**至少孩子8岁以前，家长们应该要软化、简化家里的声音。**

再来看看家中不同层次、不同种类的光。除了窗外进来的自然光，你家中也许有日光灯、闪闪发光

的电脑和电视。现在很多孩子晚上入睡困难，很多时候，在这样的孩子家里，你都可以发现比机场跑道灯光系统还要复杂的光源。我建议慢慢地将他们身边的光源减少，变暗。最好让“晚上最后留下的”和“早晨最先相迎的”都是透过窗帘的自然光。大部分婴幼儿都能在喧闹声中睡去，但却对光十分敏感。特别是对晚上有睡觉问题的小孩，要慢慢地熄掉每一盏灯，包括夜间灯，这样他们的睡眠就会比较深、比较有滋养力。

通过简化，你可以在一开始就把那些威胁孩子自然成长节奏的“过多”挡在门外。作为家长，我们应该和孩子一起拥抱更多生活的经验而不是物质，**只要“足够”就好，而不是“更多”。**简化之后，无论在空间上还是心理上，你都腾出了更多的空间来慢慢经营你和孩子之间的亲子关系。给孩子们的童年一个容身之处。给了孩子空间，让他们能发挥自己的想象力，在自由的玩耍中去探究。

家是个小环境，我们应该用爱包围它。在孩子们还小、还在成长的过程里，我们需要保护他们，让他们有更多的时间和轻松的心情，更少的快速和杂乱。我们做孩子的管家，我们应该在家里设定一些限制，对太多选择、太多东西说“不”。下一章里，我们会讲到如何用“节奏”和“可预期性”来增强孩子们的安全感。

***孩子的房间应该是这样的……***

不杂乱，不刺激感官。

光线和颜色都比较柔和，有一种秩序感和空间感。

有空间可以活动、玩、画画、搭建。

没有破损的、被遗忘的、堆积如山的玩具。

视线范围内有几个他或她最爱的玩具，放在一个或两个篮子里，并且用布盖上。

孩子的书桌上放着几本书，其他的书都收起来，在这些书都完全读完、享受完之后，再拿出其他的书来替换。

平静、有安全感，有自然的家的香味，没有夜间灯或只有极微的夜间灯。

***想象……***

同一个玩具，孩子总能变化出新的玩法或在其中创造出新的世界，而不是总要求有新的玩具可以玩。

打开孩子的衣橱，看到里面还有空间，只有少数合身、当季的衣服整齐地放在那里。

孩子有他们自己的、真的可以用的工具，他们在煮饭、清扫、园艺之中体验着，从中得到一种体验生活的快乐。

你的孩子能深深地、重复地活在一个故事或玩耍中，享受“现在”这一刻，而不是永远等着更好的“下一刻”的出现。

# 第四章　家庭生活的节奏

现在，大部分家庭生活的特点就是什么都是随机而起，即兴而作，而没有什么节奏可言。星期二全家大清洁？放学后吃饼干牛奶？星期日家庭烧烤？当父母二人都是繁忙的上班族时，这种每周的例行安排也许有点偏离现实，没什么实际操作性，甚至有些奢侈。现代人用在家庭生活上的时间越来越少，通常只有在一天的工作完成后，“剩下”的部分才是家庭生活。每当我请一位家长描述一下他们家“典型”的一天是什么样的，十有八九的回答都是“没有‘典型’的一天”。

我们的地球是有节奏的，例如太阳的升起与降落，花期、农作物收成等都有自己的节奏。而且我们的生活本身也是有节奏的：上学、工作、睡眠、假日、24小时的周期。但是，节奏越来越快，我们已经跟不上了。工作与交通的时间也许控制了我们一天的时间安排，但是它们通常都是无规律的。它们会变动、变复杂、变重叠，时间紧到我们跟不上、搞不定。我们又不自觉地将这种“节奏”加于孩子身上。而且，**现在，这种社会节奏和模式已经变得更不自然、无规律，而且毫无道理，这些已经完全超越了儿童的感官世界所能承受的范围。**

婴儿接触的第一个节奏，就是母亲子宫内的心跳。这种节奏在孩子出生后的周周、月月，甚至年年都有着深刻的影响，所有新的节奏都是在此基础上创造出来的。你注意过所有新父母的动作没有，哪怕孩子不在身边时，他们在超市、公车站排队时，都会无意识地摇来摇去。不论是在臂弯中的婴儿或是在爸爸膝盖上的学步期小孩，小孩都很渴望这种节奏的运动——摇摆的运动。这种节拍在他们的呼吸中、心跳中回响。无论多哭闹的孩子，只要轻轻摇摆，他们很快就能安静下来，那个画面是如此安静、和谐。

**孩子的安全感就是建立在这些可预期的节奏之上。**白日变黑夜，黑夜变白日，我们饿了会有人喂，我们爱的人离开之后会再回来。这些节奏对应了一个孩子去了解世界的方式。有了安全感，他们就可以大胆地出去冒险；有了会回来的承诺，他们就可以去探险，这是他们一生学习的模式。他们会在童年期受益于这种可信赖性、有规律性，特别是在头三年，因为这个时期，他们的学习常常是以无意识的方式进行的。孩子在有节奏的生活模式中不仅能找到安全感，还会开始在其中找到自己的角色。每天吃饭、洗澡、玩耍直到睡觉，这些东西的规律性和节奏性，能让孩子感受到自己在家庭中的地位。

每次我演讲时，只要提到生活节奏的重要性，在座的父母听众一定会有一些骚动。很多听众都是好不容易挤出时间才能双方一起来听讲座，而我却在这里讲什么生活节奏？有的父母工作时间完全不一样，根本没有共同的休闲时间。有些妈妈的生活乱七八糟：6点早餐，孩子穿好衣服，给孩子准备好带到学校去的午餐，送孩子去学校，一天繁忙工作之后，晚上还要参加重要客户的晚餐，拖着疲惫的身体，疯狂冲回家哄小孩睡觉，然后冲进厨房洗碗，收拾好孩子书包，抬头一看：10点了。这时候发现桌子上的字条提醒她明天是“特别点心日”，节奏？！

用餐

洗澡

玩耍

就寝

用餐、睡觉、工作、学校、玩耍、运动、出差、幼儿园、上课、约会、朋友聚会，这么多的安排要塞进一个时间表中，还要注意节奏和规律性，这简直是太难了，超过了一般人可以管理的范围。事实上，仅仅是节奏这个话题就会让有些父母有想哭的冲动。

我非常了解这种挫折感，但是我明确地告诉大家“增加家庭生活中的节奏是简化孩子生活的一个非常有力的方法”，而且“这也会简化你的生活，而不是让它更复杂”。最重要的是：这是“可以”做到的！

**很简单**

增加家庭生活中的节奏是简化孩子生活的一个非常有力的方法。

节奏这个概念，最令人受不了的原因是，我们必须重新整理我们生活中所有可变、可动的部分，要完全像交响乐般合奏无误，而光是当父母已经够辛苦了。对某些家庭而言，这简直比登天还难。别担心，就算你的时间表和生活方式不允许任何改变，我也会告诉你给孩子更多“可预期性”的技巧。这些技巧会提供安全感，如果你的家本身有一定的节奏，那么它会让你们更进一步，效果立竿见影，让全家人受益！

我的这些技巧不是凭空发明的，是20多年来根据我的经历收集整理出来，并且经过很多家庭验证过的。在这一章里，我介绍了很多有关节奏的故事，你可从中选择适合你家庭的理念。有的可用，有的也许不可用，有的也许可以给你带来新的灵感。我相信每个人都能找到适合自己家庭的范例。当孩子们习惯、适应这种节奏之后，你会发现以前的日子是多么的没有意义。你会发现自己原来的担心根本就是多余的，这很容易做到，也很容易适应。还有一点你可能会感到惊讶，那就是你自己比孩子更期待这些新的“节奏”。

我们会从孩子每日生活中的“最主要的节奏”开始讲：用餐和就寝。然后再从此处扩展，介绍更多的点子，帮你建立起让孩子信赖的每日节奏。在家里建立起一些节奏和小仪式，有助于帮助孩子建立起对自己身体、情绪、智慧等各种正确的看法。**在孩子很小的时候建立起一定的规律性，他们就会觉得脚踏实地。在这样的平台上成长起来的孩子，将来会建立稳定的世界观，能跟他人、跟这个世界建立良好的联系。**

这些重复的、“仪式般的”事情是有意义的：因为我们一起和孩子做的这些事情可以建立很好的亲子联系，这对我们双方都是有积极意义的。关于童年的最美好的记忆，不是你带孩子去了几次迪斯尼乐园，当孩子们长大，家庭成员在一起度过的时光才是最有意义的：全家共进的晚餐、大自然中的散步、睡前念的故事（冬夜还放个热水袋在脚底），还有星期六早晨的煎饼……**这些将成为伴随孩子一生的温暖记忆。**

有节奏的家庭生活，它的旋律是明确的、明白的，主要的模式经过一日日、一周周的建立，已经变成了生命中自然的顺序，自然得不留痕迹。对孩子们来说，有节奏的一天是这样度过的：“我们在上学的日子里，早晨要做……”“在离开家的时候，我们就……”“当我从学校回到家，我就……”“当我爸爸妈妈开始做晚饭，我就……”“在冬夜睡觉以前，我们最喜欢……”“当有人生病时，我们一定会……”“有人要过生日时，我们会做的特别的事就是……”

这就是我们家的节奏！

**很简单**

节奏与仪式是我们的目标；我们也许可以达成“可预期性”。

读到这里，也许有的家长会说：“你说的这些道理和理想状态很不错，可是我的家庭太忙，不可能有这么固定的每日节奏”。对此，我的评语是：**“你的生活越忙，你的孩子就会越需要这样的家庭节奏，并且能在其中受益更多”**。而且，我还可以告诉你，你可以由一天中的“任意一点”开始做，从你下班回家之后的时间开始就可以。哪怕你只建立一个小仪式，只要养成习惯，只要逐步建立这种可预期性，你都会从中受益，给孩子带来更多的安全感。

## 可预期性

读到这里，很多人会问，提了这么多次可预期性，到底指的是什么？接下来，我举个例子，大家就明白了。我曾经认识一个男孩，叫做贾斯汀，6岁，他的父母跟我说他早晨拒绝起床。贾斯汀认为只要他穿着睡衣，就可以不起床，他的父母就不能把他怎么样。

在我认识贾斯汀之后，发现他过着一种非常无法预期的生活。他父母都是做销售的，有着非常狂乱、弹性变动的时间表，经常出差。两人分别为不同的药厂工作。早上，有时候贾斯汀坐公车去学校，有时是父母送，有时是父母之一叫他早起后送他到朋友家，再由朋友的父母送他上学。下午，从学校接回家也是没有规律的。有时候贾斯汀被安排下课后到同学家去玩，有的时候父母一起来接，有时候是其中一方来接，有的时候父母临时出差，不得不委托别人来接。即便是父母来接他放学，也会在一路上不停地接着客户的电话，根本无暇顾及孩子。虽然大部分的晚餐都是家人在一起的，但是吃什么、在哪吃、什么时候吃都不是固定的。

当我进一步地了解贾斯汀一家之后，我就越确定：节奏这个观念，以往没有，将来也不会在这个家庭中实现。贾斯汀父母的工作实际上是很弹性的，可以出差也可以不出差，出差就会挣得更多。而且他们俩之所以如此成功，也是由于他们本身都是很“漂”的人，他们本身就不喜欢“固定”的东西。很明显，贾斯汀就是他们生活中最“固定”的那个部分。当然，他们也意识到了问题的存在，比如，贾斯汀的父亲想要得到更高的职位，这样就不需要经常出差了。而且，他们俩也尽力为贾斯汀提供保护，让他“安全”。但是，**孩子安不安全和孩子有没有安全感，这两者之间是有距离的。**贾斯汀找到了一个方法弥补这段距离：他就穿着睡衣，直到被通知做下一步的行动。因为这能给他带来安全感。

贾斯汀的父母和我一起想办法在他们的每日生活中增加可预期性和透明性。可预期性很容易了解。至于透明性，其实也不难理解。作为成人，我们知道自己的一天会如何进行，不论多么繁忙，我们都知道自己会做些什么。这让我们不至于抓狂。同样的道理，对孩子来说，他们也需要这种感觉，虽然他们无法控制他们的一天，但是他们需要知道一天“大概”的流程。

所以，我给他们做出了一个建议：每天晚上，贾斯汀的父母之一会和他坐在一起，一起展望一下明天。这样做的目的是给两人单独相处的时间，最主要的目的是交流，而不是匆忙地讲一下明天的大概。不需要在睡前，也不需要在床上，但是要保证状态是放松的，不是匆忙的。在这段时间里，贾斯汀也许会说到当天发生了什么事，或是他现在对不明飞行物的想法，或是他心中想的任何事。父母则可以谈谈明天大概会发生什么事。

**孩子们的生活是“绘画般”的，特别是7岁以前。他们需要“看到”。**所以，家长需要做到的是给孩子描绘出一个明天生活的场景。并不是说每一件事都要讲到，只要给他们讲一些重点时间，给他们一些可以信赖的支点就可以了。比如，贾斯汀的父母通常会讲到明天天气可能会如何，然后告诉孩子应该穿什么，或者“穿你的新球鞋，因为明天你有体育课”。他们也许会说“你妈或我会去学校接你，还不知道是谁，不过你要待在那儿，在苹果树下等，你要看是我的红车还是妈妈的蓝车来。”让孩子带着这类影像和这类“明确感”入睡，这对孩子很有帮助。

这种关于明天的规划，就是预先告诉孩子一些“标记事件”，让孩子心里有数。这样，孩子不再是完全不知道会发生什么事，他们知道有人在掌管这一切，这个人不只掌管一切，还会让他看航海日志，孩子就会有一种融入其中的感觉，而不会觉得被抛弃了。

所以，**即便是你的家庭实在不可能建立这种一贯性节奏的每日模式，请至少给孩子们提供一些标志性的事件，让孩子有所期望。**

**很简单**

有了“可预期性”，孩子就知道要期望什么。

以前，我认识一位单亲妈妈，她每天都会跟孩子玩沙盘游戏，边玩边给孩子讲述明天的大概行程和计划。这种方法既自然又有效。

不仅仅你所说的内容，说话的方式也很重要，这两者会给孩子营造出一种期望和心情。所以，我建议你选择一个舒适的地方，用轻松的语气，温柔的眼神交流，慢慢讲述你的计划。不需要讲得特别详细，没必要抓住每一个细节。还记得前面我们说过“信息太多”的后果吗？说得又多又急只能增加孩子的焦虑感，适得其反。

**对特别小的孩子而言，突如其来的惊喜往往只能让他们受惊，而没有喜悦的感觉。**比如，三四岁的孩子蹲在地下玩得很专注，父母突然从背后将他抱起，高高举起来，本来是想跟他玩一下，可实际上，这个举动会吓到孩子。更好的方式是，走到孩子对面，蹲下来，温柔地面对孩子将他抱起来，然后说：“宝贝，我们去……”这样做的好处不仅仅是可以避免吓到孩子，还会给孩子一种情感上的安慰，让他有一种参与感，而不是跟随父母的命令去做某件事。

举个实际一些的例子，你3岁大的孩子正在全神贯注地玩积木。半个小时之后，你必须出门到火车站去接孩子爸爸。你是等到最后几分钟强行把孩子拉走呢？还是提前十几分钟跟孩子说明一下：“宝贝，一会儿咱们要出门去火车站接爸爸，5分钟以后咱们穿衣服准备出门啊。”之类的提前告知？后者会增加孩子的安全感。这不是夸张的说法，很多家长都会匆匆忙忙把孩子从他的世界里拉出来，这对孩子是一种情感上的剥夺。久而久之，孩子的心理就会受到伤害，只不过这种伤害和影响一时半会儿不会显现而已。

如果你的孩子比较大了，接近青春期，家庭会议会是一种比较适合的“预览”。比如，周末的晚餐，吃饭的时候或者吃晚饭看电视的时候，一家人可以谈谈过去一周后过得怎么样，接下来的一周有些什么打算等。这样做可以增强一家人之间的联系感，让每个人都参与到家庭生活当中来。

## 很简单

家庭的节奏给孩子将来建立与他人之间的合作和联系打下了良好的基础。

每日生活中有一种建立可预期性和稳定性的最简单、最纯粹的方法，就是“有礼貌”。“有礼貌”可以建立信赖感并且有助于沟通和互动。当你问我事情，你说“请”；当我回应你的请求，你说“谢谢”，我再说“不客气”。还有什么比这个更有预期性？在一天当中那么多声音和杂音中，这种有礼貌的交流对孩子来说，听起来就像童谣一样动听，让他们有熟悉的安全感。**家庭中的礼貌像是一种规定，在它的规律性中，又进一步巩固了我们和孩子之间的亲子关系以及我们互相对待的方式。**

有人也许觉得，“礼貌”对特别小的孩子来说是一种盲目的服从，需要强迫才能遵行。我就不这么看，礼貌是一种最简单的方式，是一种最容易建立起来的节拍。这些节拍就像路灯一样，照亮孩子们的前路，让他们有安全感和联系感。

我们身为父母，总是很担心孩子的安全，你看看街上滑轮滑的孩子，身上全副武装的装备就知道了。这些都是对孩子身体的保护，那么心灵上的保护呢？在家中实践的礼貌是一种很基本的方式，能给小孩内心深处带来安全感。就算你真的很忙，实在挤不出来时间

建立什么家庭节奏，你的每一天都活得乱七八糟。但是，礼貌是一种不需要时间的方法，任何人都能做到。在一个匆忙、通常很粗鲁的世界中，当你在家里建立了礼貌与互相尊重的秩序之后，你就等于给孩子画好了一个保护圈，信赖它，你的孩子也会信赖它，这种东西会逐渐变成孩子们自己的东西，就像他们的心跳一样自然而熟悉。

## 建立节奏

节奏能让孩子平静而安定，在家庭的环境里建立好节奏，可以让孩子感觉到踏实，然后他们才可以放心成长。建立这种节奏，需要家里有个带头人，这就是父母。节奏会加强父母的权威，一种温柔而自然的权威，一种让孩子觉得安全有序的权威。

对父母来说，建立节奏的好处是显而易见的。节奏能让孩子们懂得纪律，而且这种纪律是自然的，不是强迫的。一旦这种节奏建立好，那么当你要求孩子从一件事儿转向另一件事儿的时候，就不需要父母的絮絮叨叨，交流起来更加顺畅和愉快，会节省父母很多力气。

反过来说，混乱无节奏的家庭生活给父母们带来的是一连串的烦恼。当一个家庭里毫无秩序可言时，孩子们的每一天过得都不一样，他们会有一种无去无从的感觉。作为成人，我们知道自己的工作繁忙和疯狂，忙来忙去。但你对自己的忙碌生活都是有预期的。孩子们不一样，如果他们每天都被父母催促着做这做那，而且每天做的事情都不一样，他们会觉得不安和焦虑。而这种焦虑会反过来让父母也觉得身心俱疲。一旦建立好节奏和秩序，你就不需要像牧羊犬一样跟在孩子后面时时提醒了。

你也许会说："说得好听，但是一个人如何在混乱中建立秩序呢？如果我的生活较有规律，那么建立节奏还有点指望，但我的生活不只是没有规律，简直可以达到疯狂的状态了，建立节奏？简直就是天方夜谭！”

好消息就是，你可以从小处做起。先建立一个个有节奏的小岛，慢慢地你就会发现有一天这些小岛都连接在一起，成了一片广袤的土地。如果把你的家庭生活比喻成一首曲子，那么请你用心倾听一下，现在这首曲子中，哪个音符或者哪个片段听起来特别刺耳，那就是你可以着手开始建立节奏的地方。

对于小孩子来说，什么是“最困难的阶段”？对许多孩子而言，“转换”是最难的：早晨出门，或放下手中的玩具来吃晚饭。如果这两个时段变得很有节奏，那么你一天的流程就会改进不少。不论如何，从小处做起。选择那些急需改正而又容易下手的点去做，然后由此慢慢扩大范围。一旦建立好了家庭的节奏，那么无论发生任何问题，解决起来都会更加容易了。

**很简单**

一首曲子里有很多音符，抓住任何一个，让它有规律地重复，这首曲子听起来都会很有节奏感。

在孩子小时候，比如，2~6岁时，如果你能建立好家庭节奏，那么他们会很自然地吸收和接受。因为这个阶段的孩子本来就十分注重程序和节奏，本来就有很强的生理时钟。在这方面的小小的投资和努力就会得到享用一生的回报。不过，建立节奏的过程必须由父母亲自示范才行，必须亲子互动持续两周，孩子才会继续做下去。一旦开始做，请确定一定要完成，这会为你和孩子的将来打下成功的基础。

举个例子。比如说刷牙这件事儿。想让它具有一贯性，必须得用可靠的活动或者固定的时间来打基础。如果你家晚上入睡的时间是7点到10点之间，你就不能用这个不确定的时间来打基础。但你可以用全套的刷牙程序来打基础，比如带着孩子刷牙，让她在旁边看好每一步：牙刷在哪里？在我的牙刷旁边。挤多少牙膏？大概你的大拇指那么大一小块。刷多长时间？我们得刷两分钟。准备好了吗，开始刷牙吧！

在雷诺·莫里希的书《纪律的秘密》中，他说：**“父母让孩子养成好习惯的最佳方法就是：从小处开始，在旁边看好，坚持，直到习惯为止。”**

对5岁以下的小孩，在建立节奏的过程中使用一些音乐旋律或者韵律会很有帮助。可以用唱歌的方式，也可以用带有韵律的语言。以饭前洗手为例吧。可以这样自己编一段旋律，唱到“一点点香皂，一点点水，搓搓擦擦泡泡来！”每当吃饭之前都给孩子唱这首歌，听着歌，说着话，它就会与身体感觉连在一起，孩子慢慢地就会把洗手与吃饭联系在一起，随着时间的增加就会养成习惯。这就仿佛一个小小的饭前仪式一样，帮助孩子建立了一种秩序。

如果孩子稍大一些，那么首次建立节奏的时间会相对长一些，不过方法是一样的。当然，对于7岁以上的孩子就不用唱歌了，语言式的训练更好一些。家长的参与（从小处做起，在旁边看好，坚持，直到养成习惯为止）会更重要些。因为，小孩年纪越大，独立性越高，也越不容易顺从父母的指令。因此，你不能用命令的语气让他做这做那，而是要带着孩子做，让他做到自动去做，才能算作成功了。

7岁以上的孩子，你会发现，他们已经有办法在同样的时间、以同样的方式做同一件事，并且能够连续坚持两天。对于他们来说，同样需要从小处着手，而且最好是对他们有帮助的小事儿。比如，如果你的孩子每天放学回来，都会把帽子乱扔，第二天早上上学时都要四处找帽子。你就可以在入门处给他提供一个专门放帽子和书包的地方，让他每天放学回来时，都会把帽子和书包挂在同一个地方。过不了几天，孩子就会养成习惯，并且会为这种习惯的养成感到高兴，因为他再也不用到处找帽子了。这时，你就可以开始向下一个目标出发了。

对再大一些的孩子来说，特别是接近青春期的孩子，如果你想让他们做出改变，应该先和他们讨论，然后共同商量最好的方法，清楚地告诉他们做出这些改变之后，他们将会得到哪些好处，哪怕这样做只能减少你对他们的唠叨，也要说清楚。说的时候要注意口气，不要用恳求的语气，简单说明利害就可以。应该让他们知道除了明显的利益之外，这些改变也让他们更能掌控自己的生活。

**很简单**

节奏会帮助你在生活的海洋中建立充满秩序和安全感的小岛，让孩子们安心成长。

重复和关心可以让任何事情变得更可靠。每天早上的起床，也可以变成一种欢欢喜喜的小仪式。比如，每天你叫孩子起床，不用大喊大叫，而是坐在孩子的床边，轻轻哼唱一两分钟，或者不用唱歌，只坐在旁边轻抚孩子的小脸，这样，孩子就会在充满爱意的气氛中醒来。如果你的孩子习惯早起，你可以在他的床边放一个托盘，里面放好他喜欢的玩具，这样，他起床之后就不会大喊大叫，吵扰别人，可以自己玩玩具，直到家中的其他成员都起来。

早上穿衣服，也是很多家长发愁的事儿。如果前一晚有点准备，这个过程就会容易得多。比如，在孩子房间准备一个衣架，每天晚上把她第二天要穿的衣服套在衣架上，如果是冬天，还可以扣上帽子，就像给他们做个“稻草人”一样。这样不仅能节省时间，也能减少因为挑选衣服而发生的冲突。对感官整合有问题的孩子，我建议妈妈把衣服上有点刮人的标签和突起的东西去掉。

虽然早餐没有晚餐那么正式，但我强烈建议不要边吃边走。你可以用一些有联系感、安全感的仪式让早餐固定下来。这是对接下来的一天展开美好预期的好时机，你可以跟孩子谈谈这一天有些什么好的预期和计划，让孩子谈谈他的想法。这样的交流机会多好啊。

对正在学乐器的孩子而言，早餐后是练习的好时间。如果他们平时不喜欢练习，那妈妈们可以把练琴这件事儿安排在早上，让孩子早上第一件事就解决掉这件“杂务”，这样他们练琴会很积极，因为练完琴之后，他们可以一天都不用再练了，这会让他们带着愉快的心情度过一整天。此外，对那些早上起床后易怒的孩子来说，练习乐器通常会平复他们的心情，马上激活他们大脑的创意中心。

用节奏建立的一贯性、安全感的小岛，就像呼吸。这种类似呼吸的“间隔”，让小孩的大脑维持均衡，让孩子们有时间去感受，去思考。**如果一直在赶时间，一直在改变，孩子的大脑会始终处在应对改变的高压状态，这对小孩子的成长是十分不利的。**

有一次，一位父亲分享了他建立的早晨出门节奏。他们家就是在出家门的时候遇到了麻烦。孩子起床、穿衣、早餐都没问题，但一到最后要出门的时候，就开始有些扯后腿了，一会儿是孩子“失踪”了，要不就是找不到鞋了，总之，孩子会找各种借口不愿出门。也是，家里这么温暖舒适，谁不愿意待久一点儿？于是，他们就在早上加入了一个新程序：穿完衣服之后，出门之前，小孩必须做一件小家务，丢垃圾、喂宠物或者铺床。不知道为什么，从此以后，只要妈妈说："来，大家走了！"孩子们就高高兴兴地出家门了——仿佛他们总算可以从小家务中逃离出来了！

如果学校里的重点由学习转向考试，那么学校中的暂停间隔就会被缩减。再次强调一下，课间休息、艺术课、音乐课和体育课，这些都可以看做"暂停的间隔"，可以让孩子的大脑维持均衡，处理资讯。当学校为了考试做准备时，会"插入"更多课程，跳过主题和较长的课程的过程，而采用"分段"的上课方式。正常的一天也许包括了许多"单元"，例如讲埃及、昆虫、学习除法、英语……一天中学校课程的分段越多，孩子就越能从家中的一贯性中受益。

学校放学之后，晚餐之前，这是个重要的转换期。在这个期间段中，有些孩子有课后辅导，有的是继续上课，有的是运动。许多父母觉得孩子会从这种"发泄"中受益，有机会疯一下或放学后进行些体育活动，所以他们会替孩子安排一两样这种课后活动。的确，有些孩子是需要动一动、跑一跑、爬个树、骑个车……特别是在课堂上坐了一天以后。不过，换个角度，课后时间，也是一个孩子们自由支配自己时间的好机会。对孩子来说，在学校中度过了遵守时间和规则的一天后，能有机会自由随兴地玩耍，是多好的均衡方式啊。对学龄的孩子，能自己安排自己的课后时间表是多么愉快的一件事儿啊！甚至可以说，这种时候能无聊一下该是怎么样一种幸福啊！

不是所有的规律活动都有节奏感。过于严格的规定虽然是有节奏的，但却是很枯燥的、没有生命活力的。节奏的价值在于它所要达到的目的。所以，在考虑设定家庭节奏的时候，要问自己：这是否能让生活更轻松、更均衡？这能让我们做好必须做的事情吗？更重要的是，这对我们过上梦想中的生活有帮助吗？

**在有节奏和一贯性的家庭生活中，孩子们能建立信任感。它给孩子一种秩序感，每天都有可以期待的快乐，有可信赖的安全感。**虽然家里还是会有忙碌、变动、突发事件，但是它们不会完全掌控一整天，当家中建立好节奏时，就不会如此。一贯性会稳定立足。在你考虑在家庭生活中加入新节奏时，要记住：除了一贯性，最好的生活节奏还会成为维系全家情感的纽带。

### 很简单

家庭生活的节奏会给你一贯性；最好的生活节奏还会成为维系全家情感的纽带。

我并不是要你在一天之中排好许多“全家拥抱”的休息时间（但如果你能做得到，当然更好，算你厉害）。我的意思是，这些你未曾计划过的小片段恰恰是你建立家庭情感纽带的好时间。比如，吃完晚饭，大家一起清理餐桌，收拾碗筷，这就应该是全家一起做的事，没什么大不了。这个过程不一定多么有序，但这是全家人一起完成的工作。也是全家人进行情感交流的时机。

一首好的乐曲除了音符，音符之间的“空间”也同样重要。做父母也是一样的，亲子关系通常就是在这种音阶之间（活动之间的空间）建立起来的。

举个简单的例子，如果你家是个男孩子，那么这种交流对你来说应该是很熟悉的。你到学校接儿子，他还没上车坐好，你就问："今天在学校怎么样啊？"儿子不冷不热地答道："还行。"你意犹未尽："光是还行而已吗？"儿子有些不耐烦了："就是还行啊，像平常一样。"你还穷追不舍："有什么特别的事吗？你都干了些什么啊？"孩子无奈了："没什么。"作为父母，这样的对话肯定让你觉得有些生气。但是，不要生气。等到晚上，他躺在客厅地毯上发呆的时候，他也许会想跟你分享一些东西："嘿！妈妈，你知道我的新自然科学老师吗？今天他说我可以做黑洞的专案，太棒了！因为那正是我想做的！"

这就是"暂停时刻"，在这段时间内，什么事儿也不曾发生。但这种空白时间，可以让孩子有时间和心情和我们交流他的想法。但是很不幸，现在很多孩子，在一天当中很少有这种"暂停时刻"，他们的时间总是安排得满满的，中间没有间隔，没有机会处理他们的想法与感受。要不就是家长们太忙，自己的时间表排得满满的，他们也没有时间和孩子一起在这种"暂停时刻"期间进行亲子交流。

**很简单**

这种"暂停时刻"，也就是活动和活动之间，什么事儿也不干的空白时间，往往是建立亲子联系的好机会。

在家中的建立节奏感会增加这些"暂停时刻"。当孩子安安静静待在那里时，他就会无意识地对你敞开心扉，告诉你一些你问也问不出来的事情。

这里，有两点很重要，而且它们是相互关联的。第一，身为父母，除了我们已经建立的规律性的活动之外，比如每天晚上读故事、共进晚餐、饭后散步……这种每天、每周重复的音符之外，我们还要跟孩子一起享受空白时间，创造这种待在一起、什么也不做的时间。这会给孩子一种感觉，你随时陪在他的身边，是值得信任的。

第二，这些“共同”不做任何事的时刻很重要。有一次，一位母亲提到，她无法想象与她父亲独处的情形，哪怕是一会儿也不行。尽管现在她已成年，但如果让她和她父亲一起旅行，或是两人共同划几个小时船，她都不知道该如何处理。虽然她说，这并不是因为她父亲有多可怕、多吓人，只是这么多年来，虽然在同一间屋子里生活，但她爸爸就像是陌生人，如果没有其他人在场，或其他事发生，她就不知道该说些什么。可见，这样的空白时间对亲子关系的建立有多么重要。

简化会建立一种无言的、强化亲子关系。由于避开了某些很容易消耗我们的时间与注意力的分心事，空白时间为我们所爱的人开启了情绪交流的大门。**这就像是我们建立了一种可以“存款”的亲子联系账户，在孩子遇到困难的时候，就可以信任我们，可以“提出”这种亲子关系来用。**

在家庭中，这种“相伴”的感觉会带来深度的舒适感。我们的目的就是要孩子有这种感觉。轻松安心的感觉并不是靠共同的兴趣活动或交谈才能找到的。这种确切的联系感在孩子小的时候通常无须费力。毕竟我们才是家里的建筑师，我们建立起架构，我们设定了家里的情绪气氛。不过，当孩子越来越大，就会有更多情绪上的“不适时机”。父亲也许会发现，女儿的怪异想法、交谈方式和梦想都是那么的无法理解。同样，曾经整日黏在妈妈身后的男孩会突然在房门上挂上“请勿打扰”的牌子。

孩子的青春期到来时，他和你是否能顺利度过，这其实在青春期到来之前就已经决定了。至少有部分可以从你在他们成长时共享的“暂停时刻”、那些“亲子关系存款”的多少上预见到。那些“安全感时刻”留下了深深的联系痕迹。在那些时间里你们所建立起来的亲子关系习惯在青春期的时候可以继续下去，因为它已经变成了一种无意识的习惯了。它就是你们一直以来的共处方式，一向如此。

孩子小时候你们曾经同甘共苦就会让青春期轻松度过吗？恐怕很难。差远了！青春期是一种成长旋风期，可以很紧张、很难熬，对青春期的孩子和父母都是如此。但是，“亲子关系信用款”会在孩子青春期或其他艰难时期，让你们两个人都比较容易度过。我举两个最近发生的例子吧。

一对父女来看我，女儿丽丽学业有点儿问题，但在我们谈话的过程中，我了解到一件有意思的事儿。女儿是初一，似乎在她的学校中，最近有两个小派对聚会，完全没有大人参与的派对，在派对上出现了一些涉及性的游戏。丽丽说她向父亲讲述了这件事儿，并且告诉父亲一些参与聚会的孩子都对这个游戏有些不安的感觉。随后，丽丽的父母与其他几个学生的父母联系，停止了这个聚会。虽然其他参与聚会的孩子也经常有交流，但是没有一个孩子像丽丽一样，将这件事情向父母和盘托出。

丽丽说这件事儿时，我觉得她能有这样的勇气向父亲说让我非常感动。丽丽说：“是这样的，我和爸爸十分亲密，我知道爸爸会听我讲的，我知道他至少会仔细听我讲这件事。他一直都这样，所以我想，如果他能想到解决的方法，他一定会帮忙的。”事实也的确如此，丽丽的父亲在她讲这整件事时，都在一旁静静地听着，听——等——暂停，这似乎已经成为了他的习惯。丽丽和她爸爸永远都能这样亲密无间吗？我不知道。但有一点我可以确定，她非常确定爸爸会听她述说。想想看，在一个年轻女孩生命中的这段重要时期，这种“确定性”是一件多么有力量的事。

在丽丽和她爸爸的关系上，还有一点值得一提，丽丽的爸爸是木工，家中地下室就是爸爸的工作室。当丽丽和她弟弟回家时，只要爸爸在家，地下室的门都是开的。这样，两个孩子都知道在任何时候他们都可以下来和爸爸说说话，也许爸爸正在工作，但是他会停下来，关掉机器，和孩子面对面地坐在工作室中那老旧的野餐桌上。和孩子们谈心仿佛成了爸爸工作的一部分，而旧野餐桌就像他们交流的圣地。

**对于每个家庭来说，这种亲子交流圣地可以是任何地方，重点在于家长要付出“时间”和“注意力”。父母的用心与承诺，对孩子来说就是“圣地”。**

**很简单**

承诺和节奏会建立信任与“亲子关系信用款”，这是一种可以“提款”的联系感。

有时，父母需要让孩子知道，我们“的确”为他们准备了这样的一个安全空间，这是很有帮助的。数周前的一个下午，我的大女儿从学校回来，还没进家门她就开始哭了。我太太走过来抱着她时，她就边说边哭：“我受不了了！”为什么哭？那一天，她可能在学校度过了很糟的一天，教室里许多孩子哭闹，第二次下课时也没有下课，她没有听到老师讲的故事，也没画完她的画。

任何父母看到这种情况都恨不得马上安慰孩子，刨根问底，帮孩子解决问题，很想帮孩子擦干眼泪，抚平情绪，然后再给孩子一个不会有任何差错的解答。但是，这样做仿佛就是在说“我控制了你的生命”和“我知道你的感受”。其实，这两者我们都做不到，也没有权利去做。“了解孩子的感受”虽然看起来是个能让我们安心一些的想法，但同时，这也等于否认了孩子的真实感受。

过了一会儿，两姐妹就像没事发生一样，开心地玩起了游戏。但是，到了吃晚饭时，提起学校的话题，大女儿明显还是很生气。于是，我对她说："亲爱的，无论学校发生了什么事，家中都永远有你的一席之地，我们都在你身边，爸爸妈妈和妹妹，永远都和你在一起。"她的眼泪又流下来了，然后，她走过来抱着我，情绪舒缓了。我并没有去刨根问底，也没有帮她去修复这受伤的一天，只是告诉她，她有个安全的避风港。因为第二天我要出差，我告诉她："爸爸明天要出差了，不过走到哪里，爸爸都会想着妈妈和你们两个小天使的。"她说："真的吗？"我说："当然，无论走到哪里，你们永远都是我最爱的人，自然会一直放在心里了。"经过这样一番对话，孩子们彻底释然了，不再为白天发生的事儿感到难过和纠结了。

我朋友劳拉的女儿艾莉森，15岁，是一个很聪明，很好的女孩，认识她的人几乎都爱她。而最近，我遇到劳拉，她向我抱怨女儿的青春期反应。她说艾莉森在外面很好，大家都觉得她不错，但在家里的表现却十分粗鲁，充满敌意，特别是对她，动不动就翻白眼，很不客气，完全一副"青春期叛逆少女"的样子。艾莉森几乎把最恶劣的语言和行为都留给她妈妈了。劳拉低声跟我说："你知道吗，有件事儿很奇怪，虽然她白天总对我无礼，一副战斗模式，但几乎每天晚上她躺在沙发上的时候，都会把头放在我的腿上！"

这并不奇怪，真的。在艾莉森的成长期，她的"工作"就是要推开父母，但在她"休战"的时候，她就会做出很自然的事。前一分钟她还认为她妈是外星人，但出于她们本来根深蒂固的亲子纽带，下一分钟又和妈妈黏在一起了。青春期的孩子可以暂时忘记他们“现在的任务”，而活在你们长久以来建立的连系之中。这种暂停时刻，对我们父母来说是非常美妙而重要的。**青春期体内激素攻势再激烈，也抵不过你们多年以来建立好的亲子纽带。**

**亲子关系就是在“暂停”中铸造出来的，那些普通、偶尔的时刻累积在一起，就会产生不平凡的力量。**每天晚上全家一起吃晚餐的时候，孩子们会做他们“最爱做的事”，他们会一件一件地讲述他们一天中看到、做过的特别事，也许都是一些简单的小事，比如，他们在篱笆柱子上发现了蜻蜓翅膀，今天绑鞋带绑得很好或者邻居养了一只小猫。对父母而言，这可是个赞美孩子的好机会，千万不要错过：“今天我发现你自己整理了自己的玩具，而且没有大声吵闹，帮了妈妈很大的忙。”这种简单的肯定，虽然没有大吹大擂或多愁善感，但却很有力量。当这种模式规律化时，就会有一种仪式性的力量，在你和孩子的每日流程中画下了重要的一笔。每天，你会不自觉地找寻、思考“今天孩子‘最爱的事’是什么？今天我能注意到孩子的行为中有哪些美丽之处？”你和孩子的生活都将变得多姿多彩。

节奏，就像餐桌上特意为你预留的那个位子，会给你一种邀请感、参与感、联系感和归属感。

## 全家一起吃晚餐

我在华德福学校当老师的这些年来，注意到一个有意思的现象。在幼儿园里，老师们会在固定的时间和地点和孩子们一起准备点心，这一规律性的项目在老师看来再正常不过了。但是，几乎所有的父母，看到自己的孩子不管什么点心都会兴高采烈地吃下时，都会感到十分惊讶。

“不可能，孩子在家只吃两种东西，某某和某某。蔬菜汤？怎么可能？”很多父母都感到惊讶，他们会想尽办法在吃点心的时候来参观，寻找秘密，看看是谁的巧手有如此魅力。他们认为老师一定有什么魔力，能让孩子吃下平时从来不吃的东西。

魔力其实就是准备点心的过程。我们华德福的幼儿园，在做饭时让孩子参与进来，孩子就会认为这是自己做的饭。换句话说，当孩子吃的饭是他们自己做的时，他们不大可能会丢掉或者拒绝吃。在华德福幼儿园里，“点心时刻”不只是吃东西，它是一场盛会。这整个过程有着一种仪式般的敬礼——准备点心、吃点心、吃完后的清理，每个人都参与其中。

现在我们来谈谈“全家一起吃晚餐”这个话题。很多人会说，我们全家是在一起吃晚餐啊，而且我每天变着花样地做，可孩子吃饭还是不好好吃。答案，还是在过程之中。晚餐吃的也许不是什么美食，交谈只是闲聊，也许还有一些斗嘴，发泄一下当日的压力。但即便这过程中并不都是完美的事情，但所有的这些结合在一起，让你们一家人成为一体。这就是一家人共同做的事情，不管日子好与坏，不管食物好吃与否，我们享受的，是这一起度过的时光。而每天这段时光，就会成为一种固定的节奏，让全家人释放情绪、交流感受。

**很简单**

节奏的奇迹在于过程，而不在其特殊之处。

甚至有研究指出，家庭共进晚餐频率高的孩子，在学校表现得就越好，会吃水果和蔬菜，会背单词……不容易染上抽烟、喝酒、吸毒、忧郁症、气喘，或者厌食症。哥伦比亚大学的国家毒瘾滥用毒品中心做了一个十年研究，发现全家共进晚餐的频率越低，那么在孩子吃晚饭的时候，电视就可能是开着的，而且吃的食物也会更加不健康。参与调查的父母还反映，吃完饭时交流越少，满意度也会越差。

将幼儿园的经验、社会学家的智慧和我们的直觉本能总和之后，我们至少可以这样说：全家的晚餐不只是吃饭而已。大家共聚，承诺一段共享的时间与体验，有言语、食物、注意力的交流……所有这些加起来，就不只是吃饱而已。这种滋养不是呈倍数，而是呈指数性地增加。家庭里的故事，家庭的文化，我们如何过日子等资讯在吃饭的时候传递给了孩子。过程比事物本身重要得多。练习吧，出错不要紧，就像任何有节奏的事情，练习越多就做得越好。

在第三章里，我们通过简化玩具、书、衣服来限制孩子环境中的杂乱和过多，同样的原则也可以考虑应用在食物上，特别是对小小孩。我的目的不只是要简化你的食物存货柜，而且还要简化你对食物的选译、评判，以及决定权等方面的问题。不过，首先，维持我们强调节奏的主题，我们先来看看一些可以强调晚餐过程的方法。我们来看看幼儿园帐幔之后的神秘魔力，让孩子爱上你做的饭。

晚餐的节奏应该从准备开始，不是从吃饭开始。不管你怎么做，做什么，要让孩子参与进来。哪怕是幼童，你也可以让她帮你洗土豆、洗生菜，或是帮忙摆餐具。最初，你得多费些心，但一旦铺好了路，这就会变得有规律、更高效了。这些工作，

会让孩子觉得自己也参与了做晚饭的行动，他们会有一种“主人翁的自豪感”，会影响他们的用餐和行为。他们会问每一个人“你喜欢吃吗？”连续问上好几次。

让孩子参加食物的准备工作，也能让他们很快从玩耍或者看电视等行为中抽离出来。很多父母都有这种困惑，一到吃饭的时候，让孩子到餐桌做好、吃饭，都是一件非常困难的事，总要经历大呼小叫才行。“来吧！宝贝，我需要你给这些豌豆洗个澡！”让孩子参与到流程中来，他们就会把晚餐放进自己的节奏之中，从准备到吃饭，你不会再遇到任何障碍。

轻松地转换很重要，如果孩子带着强烈的情绪——战斗或者逃跑心理，都会让这顿饭变味儿，对孩子的身体很不好。孩子们很聪明，他们知道自己可以控制三个方面：吃、拉、睡。所以，当他们发起抵抗时，最直接的行为就是：不吃、不拉、不睡！妈妈叫他们吃饭时，他们正玩得高兴，当他们被强行拉到饭桌前时，他们为了继续玩，做好了和妈妈们的战斗准备。他们知道自己有一个办法可以获胜，那就是不吃饭！虽然你可以让他们坐在餐桌前，但无法强迫他们开口吃饭。但如果事先建立好了渠道，就可以缓解这种状态。

晚餐的饭桌，是孩子们学习社交技巧和情绪控制的绝佳场所，也是展现家庭民主的好地方。大家相互传递了盘中的食物、传递了对食物的感受和看法，全家人都吃完了才离开餐桌，全家人相互交流了大家这一天过得怎么样。这比你强拉着孩子上桌吃饭，孩子随便吃几口就离开，效果可好多了。

让每个人参与餐后的清理工作，也是一种从用餐过渡到夜间其他家庭活动的理想方式。**这种从准备到吃饭，再到吃完饭后的清理，连贯的参与，就是一种节奏。而这种节奏将会加强你们家庭成员之间的联系。**

# 简化口味

对大部分家庭而言，“太多”显然也体现在食物方面。我们受不了摆在面前的诸多选择和诱惑，吃得太多；要么就是吃得太快或者边走边吃。对于小孩子来说，这会给他们一种受不了的感觉，而且这种不良的饮食习惯会给他们造成一辈子的困扰。

就像我们在第三章讲到的玩具和衣服一样，“食物”是生活中另一项“过多”的东西。虽然我不是营养专家，但给家庭的食物“减重”，不需要什么营养专家。况且，我只是提出一些简化食物的指导原则而已。

每个主妇逛超市回来都不会空手而归，厨房中的食物总是堆积如山。现在，大型超市随处可见，精加工的食物占据了最好的营销位置，而那些粗加工的食物都被放在最不起眼的角落。五花八门的食品，让妈妈和孩子都面临过多的选择。这种营销和玩具营销一样，会让孩子们“要个不停”。而对于食物，大多数父母就更不具备抵抗力了。孩子总要吃东西吧。所以，我们每次去超市，购物车里比例最高的东西一定是食品！

我对简化食物的第一建议跟对玩具一样，限制选择和复杂程度。简化食物选择的数目，简化口味、原料，远离精加工和太甜的食物。

如何简化食物选择的数目，其实和整理玩具堆类似。基本原则就是，在走过超市过道的时候，你要想清楚：这个食物的设计初衷是滋养还是娱乐，或者是为了刺激味觉？简单说，这食物是设计出来的，还是长出来的？是否五十年前就有了？是否有不必要的复杂物质，配方里有没有你念不出的材料？每年有数万种“新食品”上市。简单的食物就像简单的玩具，是比较容易长久存在的。简化食物和简化玩具一样，能够将孩子从“过多”的压力中解放出来，同时还可以帮助他建立受益终生的健康饮食习惯。

还记得前面我们提到过的高度刺激性的玩具吗？就是那些带有刺激音效和闪光的玩具，它们的设计会让孩子的神经系统超速运转。食物中也有同类的产品，那些鼓吹口味特别或者丰富，包装五花八门的零食，均属此类。

**很简单**

食物是用来滋养的，不是娱乐或刺激的。

这种食物，先不提对孩子健康的影响，**最直观的危害就是它们夺走了孩子的味蕾。**它们轮番刺激孩子的味觉，导致孩子们失去了对微细口味的辨别能力。食品口味（感谢食品添加剂）已经越来越多、越来越复杂。胡萝卜怎么和香辣鸡翅、蓝莓奶酪、烤肉薯片等竞争？在这些口味的刺激之下，许多食物根本还无法引起小孩的“注意力”，更别说让孩子们“有兴趣”了。

这些市场上热卖的口味，会让我们上瘾，吃了之后还想要更多。孩子脆弱的味觉系统就是如此被破坏掉的。食品添加剂、糖、咖啡因彻底扰乱了孩子们的味觉系统。这类食物是节奏的敌人，在高速撞击与燃烧中，节奏不可能顺畅。

简化孩子食物的第一步，就是要让他们戒掉这些高度加工的、只有极少或无营养价值的点心食品。你可以采用铁血手腕，也可以逐渐戒掉。就我的经验来说，大多数孩子戒掉这些畅销口味，需要一个月左右的时间。这令我惊讶，因为我原本以为会更久，但其实，一个月是个平均值。想要成功地戒掉这些极端口味，你可以提供大胆的口感以吸引孩子们，但材料一定要是健康的。比如，香蕉也许无法代替烤肉薯片，但脆脆的自制烤蔬菜片会立刻有效地吸引住孩子，把他们的食物选择带到健康的方向上来。

要戒掉高糖碳酸饮料，就要创造你自己家中的“苏打水”。用果汁与纯汽水，其中的泡泡会帮助你的孩子逐渐忘记可乐之类的碳酸饮料。你甚至可以用很甜的浓缩饮料开始，再慢慢从中减少糖量。而那些市售的饮料则在走相反的路，20年来，七喜汽水中的糖含量翻了3倍，而碳酸饮料中平均含糖量为每罐10茶匙。减少孩子们多糖碳酸饮料和咖啡因的摄入。糖减少了，他们能喜欢吗？你可以清楚地告诉孩子，这些不是暂时替代高度精制的食品，而是从现在开始，家中只有这些食物，别无选择。**排毒的过程只有一个方向：提供越来越“真实”（相对于精加工而言）的食物，越来越简单、自然的食材。**

孩子越小，就越容易简化食物。不过，大孩子也一样可以做到。不要让最初几周的困难阻止你建立新方向的道路。发牢骚是短期的，受益（你很快就会见到）则是长久的。你得完全投入，做出承诺，不要把它表现成“一个实验”或“有趣的学习经验”而已。

**如果你的孩子是青少年，要让他们知道这些改变是永久的。**他们会翻白眼，是的，牢骚声会在家中回响，毫无疑问，他们会提出很有说服力的争论，比如：“这很荒唐，每个人都喝一大堆。别人喝的是我的3倍。你说糖果吗？你在跟我开玩笑吗？吉娜父母是整盒整盒的买，还送给我们。学校也有一大堆。”听他们说，不要打断，让他们确定你从家中清除的东西，确实在外面到处都是，大家都被接受、提供、享用了。然后，你可以说，用确定而平静的态度说，既然到处都是，那么家里没有，应该也不是什么大不了的牺牲。

对青少年期的男孩或女孩，你无法控制他们每天每分钟吃什么或做什么，但是你可以肯定而明确地定下家中的规矩。不要忘了！在时间过程中、在节奏与可预期中，“家规”会自然地进化，会被接受、预期、信赖。

在孩子，特别是小小孩，拥有良好的评判力之前就给他们太多的选择，他们很容易就会被五花八门的产品营销、铺天盖地的广告以及自己的欲望拖拽得偏离轨道。孩子被五颜六色的零食和糖果所吸引是正常的，孩子想要什么就央求父母给他们买，这也是正常的。但是，身为他们的父母，我们能让铺天盖地的食品广告和五颜六色的垃圾食品夺走我们孩子的健康吗？或让它们控制孩子和食物一辈子的关系吗？

当然，我们都知道，有的孩子确实挑食，只吃那么几种食物，用谈判或者坚决不吃的方式会让他们的食物选择越来越窄。其实，这通常是对压力的反应。同样，压力也可以让孩子拒绝新东西，这使得孩子们接受的食物面越来越窄。有个坏消息：这些对食物的排斥，有可能散布到其他领域。不过也有好消息，那就是这种情况是可以改善的。

经过20多年的简化经验，我得到一种领悟，最初我不知道是怎么回事。很多父母跟我说，当他们开始在家中做简化时，孩子们逐渐越来越不挑食了。这种模式很有一致性。不论父母只是简化食物，还是扩展到在孩子生活中增加节奏感和一贯性，孩子对食物的排斥和控制都会大大减少。这是为什么呢？因为孩子不再那么“受不了”了。他们的生活变得可预期，没有了控制不了的感受，他们就觉得不再需要对食物表示强烈的控制欲了。所以说，简化的影响是广泛而深远的。

**很简单**

父母启动简化计划之后，孩子在饮食方面的问题就会消失或非常自然地解决了。

食物应该是一种滋养的来源，而不是一种受之无愧、娱乐或鼓励的力量。如果你把自己在食物方面的权威让给孩子，他们就会养成一些影响一生的习惯。在孩子很小时就给他们过多的选择，实际上是限制了他们的选择。我们知道一个人对食物的喜爱是在生命中的前几年养成的。我们也知道这个过程主要是社交性的：如果他们看到其他人享受的话，孩子会试、会学着去享受这些食物，不管它们是辣、淡、有营养或精制的。通过简化食物，孩子就可以有时间去试多种类健康的食物，对食物的喜好能变得面面俱到。

此外，在扩展孩子对食物的眼界同时，我们也扩展了他们在其他方面的眼界。换句话说，**喜爱食物的范围得到拓宽的孩子，情商和智商也同时得到了拓展。**民以食为天，我们与食物的关系可说是我们与生命关系的一种水印。

根据我多年的经验，如果你想要孩子尝试一种新食物（或新食物群），至少让他们尝试8次才能成功。但是，很多家长往往费尽心机做出新菜，看到孩子不吃，也就放弃了。我的建议是，比如，你想要让孩子尝试花椰菜，那么请从很小的量开始，做法可以随自己喜好，连续给孩子做8次，量逐渐增多，味道逐渐减淡。盐逐渐减少后，食物本身的味道就出来了。这样，孩子就在循序渐进的过程中，接受了这种食物的味道，从此以后再也不会拒绝这种食物了。

## 简化晚餐

对孩子食品的简化，不仅仅局限于平日里的零食。我更进一步的建议是，简化家庭晚餐。经过简化，再也不会有人问“晚餐吃什么”了，而是转而问“今天星期几”。

当家庭晚餐的内容变得可以预期时，一切就会变得很简单。比如，星期一吃面条、星期二吃米饭、星期三吃饺子……我一说这样的建议，很多家长觉得这是简化吗？每天不一样的晚餐安排，考虑过父母的感受吗？其实，我当然考虑了，有规律的晚餐准备起来会更加容易。而且，这会让孩子有脚踏实地的感觉。

星期一　　星期二　　星期三

讲到现在，希望你已经接受了这样的观点：节奏会让小孩有安全感，建立他们成长的基础。在生命的潮汐中，来来去去，睡与醒，工作与玩耍，上班和放学，晚餐，就像一个红靶心上插着的箭，箭上标明“你在这里”。晚餐是个建立节奏的好机会。无论白天孩子们做了些什么，一家人坐在一起吃晚饭，这都将成为一个家庭的联系点。

时间、地点、内容都已经提前安排好，你不需要每天临时费尽心机找灵感、材料，创意去准备晚餐。让准备晚餐和吃晚餐都变成一件简单而固定的事情，对你和你的孩子都是有好处的。

家中成员比较多的情况下，很多妈妈会感觉做晚饭就像打仗一样。孩子不吃这个，老公不吃那个，婆婆不爱吃肉……从买菜到做饭，忙个不停，好不容易做晚饭了，已经累得筋疲力尽了。这时，任何不好的评语都足以让妈妈勃然大怒。

对于做饭的人来说，晚餐有规律，就会避免下面这种情况发生：站在空空如也的冰箱面前，巧妇难为无米之炊。因为，这种规律性（和简单性）会延伸，从用餐，到备餐，到杂货店，到购物单……

如我上面所说，这套系统是可以变化的。比如，这周三的汤也许和下周的不同。但重点是，星期三必须有汤，这就是生活节奏。

此外，节奏还可以有更大的变化，比如“我知道今晚应该喝汤，不过我们要出去吃！”这就比如，节奏感设定好了一个稳定的节拍，但也允许美妙的高音。偶尔的高音在稳定的节奏中是受欢迎的，孩子会对这种期望之外的欢乐存有真心的感谢。与此相反，如果是持续的高音，孩子就会觉得“受之无愧”。

也有可能，你安排的一周食谱中有一餐是不怎么受欢迎的，没关系。比如，周三晚餐的汤，孩子可能一开始不吃，你可以放心，因为他们不会因为不喝汤就受到什么不可逆的伤害。你一定要坚持每周三都做汤。最初，孩子可能从周一就开始担心，一看到汤就会有不愉快的表情，但是不久之后，这种拒绝就会被忘记，孩子们开始边喝汤边谈话。为什么，因为这种一致性和惯性让孩子们知道，有些东西是不会改变的，虽然他们希望会有所改变，但不是所有的东西都能随他们的喜爱而改变的。

很多人认为这种安排很极端，那只是因为我们已经不再把晚餐看做家庭集体活动了。家中每个人都随意、随时、随地吃着自己想吃的东西，家门口就差挂个“餐厅”门牌了。小孩坐在电视前面吃饭，妈妈为了减肥给自己做了沙拉，爸爸在回家路上买了东西，先看报纸，待会再吃。家中没有任何规矩，不需要为任何人改变任何方式。大家聚在一块也没什么意义。

**很简单**

一贯性让孩子们知道“价值观”比“个人的喜好”更为重要。

我的朋友兼同事有三个孩子，两个已长大，还有一个在念高中。他告诉我，晚餐在他家一直都是很受重视的，多年来一直如此。但是，当男孩子长大后，就不想跟家人一起吃饭了。他们有别的地方要去，有其他事要做。全家晚餐有了竞争对手。但是，他和太太立场坚定，他们决定每周多花些钱准备晚餐，邀请男孩子的朋友们一起到家里来吃饭。他们认为虽然食物费用增加了，但与家庭关系疏远相比，这点付出还是值得的。孩子和朋友们在用餐时，会谈到很多话题，由此，父母知道了他们青春期的孩子正在想些什么、做些什么、他们的朋友是什么样子。这样的付出很值吧。

青少年期的孩子开始对家中长期以来建立的节奏发出挑战，是非常正常的事儿。这就是他们青春期的主要工作，他们就是要抱怨，就是要叛逆。但这并不等于我们就要把家中传统藏起来，跟它说再见。家中的一贯性与联系感会在青春期时起到巨大的作用。一项调研发现，大部分一周在家只吃三餐或更少餐的青少年，内心都希望他们能更多地在家吃饭。

你也许会怀疑，固定晚上的“主餐”对你家而言是不是个好主意。相信我，我看到了很多孩子都受益于此，他们是多么的脚踏实地，所以我希望你试一试。你不需要当众宣布，也不需要发表长篇大论，只需要悄悄做上三周，孩子们会非常自然地接受这个有规律的模式。而你，在孩子们发现之前，就已经感受到简化晚餐所带来的好处了。

## 睡眠与减压阀

盘子洗完了，剩菜也收起来了，你是否发现自己心里在嘀咕“今天能不能准时上床”？你是否在评估孩子的能量什么时候耗完？到了睡觉时间，孩子不可能从完全直立的状态立刻进入完全静止状态。事实上，我认为孩子的睡眠过程，应该从他们早起时开始算。这一天会怎么样？

节奏如何？活动多不多？是否有暂停？所有这些决定了孩子们的入睡时间和过程。

其实，睡眠需要一些信任和一种“放下”的心态。有时，关掉灯后，我会对我女儿说：“现在好了，你可以躺到守护天使的怀里了”。睡眠问题通常是由于焦虑感和不信任感，孩子其实是要有一种更大的联系感，才能“放下”而入睡。

我给大家介绍一个“减压阀”的概念，你可以把它植入到孩子的生活节奏之中。减压阀能给孩子提供了安全感和联系感，就像节奏的精华一样。减压阀让孩子释放情绪的热气。如果在白天他们都能轻易“放下”，到了晚上，他们就更容易“放下”而入睡了。

我的朋友苏，是一位单亲妈妈。男孩子们在学校里总是很难和平相处，于是学校里总是有各种联盟。亨利上学之后有入睡困难，而这让他的学校生活变得更糟。我到现在都常想到苏，因为我从她学到了很棒的东西，希望她的办法对你有所启发。

苏为了解决孩子的问题，增加了他们一天中的预期性和节奏。她跟我详细介绍了她和亨利是如何预览第二天的。她说：“我会和孩子一起‘做个勇气三明治’。”当一天结束时，亨利躺在床上，苏会问他：“亲爱的，今天你做了什么有勇气的事儿吗？”亨利会说：“怎么说呢？”想了一下，“在下课时玩球，西奥说杰利作弊，但其实只是他没看到杰利打到了，真的，所以我说‘杰利没有作弊’。”“真的？你为朋友撑腰了？你真棒！那今天最难的事是什么呢？”“怎么说呢，也许是我们要做算数题的时候，你知道吗？我经过数学课里要把珠子堆成堆再分类吧？”“是啊！你星期二讲过”，“对，我还是不喜欢做，但是我今天做得好多了。”“你更懂了？”“是啊！”苏的回应很少。她也不会去心理分析，没有立刻修补或是评判孩子的一天，只是静静地见证这一天，做一个安静的聆听者。

亨利呢？对妈妈打开了一天的包袱，亨利的大脑就像一个装满想法和情绪的皮箱，在提问与回答之间，苏打开了皮箱，让亨利拿出每一件东西给她看。然后，她会再问明天的事。“明天最难的是什么事？”“噢！排球，我们体育课要打排球，我打得很烂。”“最好的是什么事呢？”“下课！因为会很酷，我们已经分好队踢球，我和约瑟夫、路卡斯同一队，太棒了！……”

亨利的恐惧与失望，他的希望与梦想……就这样一点点全部倒出来。**梦想不一定要大，可以很小。不过它会照亮我们的思想以及我们对生命的看法。**妈妈的这种做法不但美妙地重现了亨利过的这一天，也预览了第二天。这就是苏自己摸索出来的“勇气三明治”。换句话说，孩子表述了一天当中令他感到困难的事儿，但这些事又被其他开心、兴奋的事情所包围，消极的一方面被积极的两方面夹在中间。有时，特别是很小的孩子，你也许不会马上得到问题的回应，这也没关系。他们会在你提问的时候，在大脑里想象他们的一天。

**很简单**

在一天中建立两三个“减压阀”，会帮助小孩在就寝时轻松入睡。

如何帮你的孩子释放一天的压力？我认为，在一天的例行程序当中应该至少有两个或三四个这种“减压阀”。

特别是对有入睡困难的小孩，一天就像是一面镜子，白天他们的状态可以反映出他们就寝时会如何表现。这一天对他们来说过得怎么样？一位父亲曾对我说过：“要知道孩子一天过得好不好，看看‘我今晚能不能在她就寝后看电视球赛转播’就知道了。”如果你的孩子一天中没有机会释放压力，他或她就可能很难顺利入睡。如果你完全用大人的方式来想孩子们的“压力”，那你就错了。因为，虽然，你看孩子一天没有干什么特别的事儿，你觉得他们没有什么“压力”，但实际上孩子的大脑每天都在处理各种他们接收到的资讯，并且建立神经网络，他们的肉体也在以你难以想象的速度成长。

对于婴儿或学步期的小孩子来说，小睡就是最好的减压阀。白天静静的小睡是必需的，而且时间是越长越好，即使是八九岁的孩子都能从平静的小睡中受益。哪怕他们睡不着，躺在床上安静的休息一下也是好的。白天的睡眠是否会干扰孩子晚上入睡？实际上，大部分6岁以上的孩子在午睡时间都很难睡着，如果睡得着，就是他们真的需要多睡。不过，一天中半小时或一小时的安静、独处的休息时段，对任何年纪的人都是一种恢复体力的方式，是值得养成的习惯。

设定一个放学后的小仪式，也可以作为孩子从学校回到家里的减压阀。比如，放学以后的甜点时刻。还记得第一章里面说的玛丽吗？玛丽的妈妈放学后会陪着玛丽一起回家。我建议她养成一个与玛丽一起吃甜点的小习惯。不过，一周之后，她向我抱怨：“可是她都不和我说话！”谁说一定需要讲话呢？建立联系的一刻也可以是寂静的，玛丽会在这段必定的时间里逐渐确定这种亲子间的联系，她会知道在她吃甜点的时候，妈妈会陪着她，做做家务，看看信。

前面我曾经提过，我家的习惯是在晚餐前，大家保持一段寂静。我认为这就是一种减压阀。从10秒钟开始渐渐增加到1分钟。我们也许会增加到两分钟，这就是我们的极限了。家里小小孩的父母也许会很佩服我是怎么做到的。其实，一开始孩子一定都会有点儿坐不住，但是后来就会逐渐适应了。

你也许会奇怪：有一刻寂静有什么意义？不如你试试看吧。在我家，每晚当我们放松地进入这寂静一刻的时候，都有一种“共同松口气”的感觉。对于整天都在讲话、动来动去、抖个不停的小孩，这一刻的安静会“非常”容易引起他们的注意。一刻的寂静，会释放不停的活动给孩子们带来的无形压力。

对某些男孩和精力特别旺盛的孩子，工作也可以作为一种减压阀。比如：用推车拉石头，挖洞，用木块建东西，抓蜥蜴，爬树。如果孩子有很想在放学后去做的特别活动，那就是很好的减压阀。在任何活动中，都可以让孩子尽情投入，这会让孩子释放压力，得到心理上的放松，消化一天中发生的事情。不论用何种方法或工具，活跃的深入玩耍都是很棒的减压阀。在孩子到青少年期之前，有时嗜好或搜集是深度热情的开始点，还有组织体育运动，也可达到同样的目的。

还有一种减压小建议，我之前提过：在一天中，找一个有规律的时间，点起一根蜡烛，让孩子们安静的待一会儿，然后让孩子把蜡烛吹灭。对特别小的孩子而言，点起蜡烛就像创造了一个魔法世界，会马上让他们集中注意力。这是一个非常简单的事，你也许不屑于去做，但只要做了，你一定会诧异于它的神奇魔力。

有一位母亲跟我说，她的小儿子似乎将烛光当成一种原始的典礼，真的令我捧腹大笑。她问我：“你不是说，烛光都会让大部分孩子安静吗？但杰瑞绝对不是其中的一员。每当烛光亮起，他就敞开心扉和嘴巴，开始详细地清点他对地球、对每个曾为人所知的生物的最深愿望，还有他的想法、希望、梦想：他的朋友、宠物、老师，还有邮递员，很可爱。不过，这也没法安静下来啊，能起到减压的作用吗？”其实，这才是“真正”的减压呢！！

不需要什么特殊的工具和特效。我们已经能够帮助我们的孩子均衡他们的生活和能量。每个小小的减压阀，每个释放与安宁的机会，都很小、很不起眼。但是，请你想象一下，当他们在一天之中有了一些这样的时刻，当你在孩子的床上，整理好他们的被子，弯下腰，吻他们，然后说晚安时，他们的内心有多大的安慰和幸福感啊。

睡眠是最终极的节奏。孩子的行为以及他们将来会成为怎样的人，都受到睡眠或者说睡眠不足的影响。孩子没有自信？那么我最先想到的就是他可能睡得太少了。没有睡眠，我们就会被动，没有力量或韧性去追求新东西或改变困境。对孩子们来说，想要建立坚定的“自我认同”感，睡眠是个必需的节奏。因为孩子的大脑仍在发展中，在他们睡眠时，大脑神经迅速生长和修复，不夸张地说，缺乏一小时睡眠都有可能有对孩子的智慧和行为产生不良影响。依据塔爱维大学的艾沙地博士的研究，缺乏一小时

睡眠所表现出来的差距相当于6年级学生与4年级学生的差距。换句话说，假如你的孩子是6年级，他带着睡意去学校时，学习或行为表现就跟4年级的学生差不多。

在我的经验中，大部分2~6岁的孩子需要11个小时的睡眠，6~11岁有10个小时就够了，但是青春期又会升高到11甚至12小时。很不幸的是，大部分孩子根本无法得到这么多小时的睡眠。半数的青春期孩子的睡眠都少于7小时。根据肯德基大学的研究，上高中的孩子通常只有6个半小时的睡眠。

就寝应该是家中最最不可破坏的节奏，如果做不到绝对，那么我建议只能有20分钟的变动，只能比固定时间提早或晚睡10分钟。周末与非周末的就寝时间有巨大差异的生理影响，对孩子来说就像坐飞机调时差。

## 睡前故事

故事是美妙的减压阀，一天的事件以及他们造成的问题，在神秘动物和幻想境地的冒险中都会消失。孩子会认同故事中的角色，他们可以感觉到他们在其中的分量，能感受到那些女英雄的恐惧，体会到她的勇气、慈悲和希望。他们用脑、用心追随着故事，当他们问自己“我会怎么做？”或“结果会如何？”的时候，他们刚刚经历的一天就被想象力的力量冲洗干净了。

我还没见过不喜欢听故事的孩子。也许有吧，但我还没见过。大部分孩子都在故事中、在想象世界中、在讲故事的过程或讲故事的人身上得到喜悦。这时，他们不需要做任何事，他们只需要认真听故事，放松去想象。故事本身就有着丰富性和节奏，一种孩子钟爱的语言音乐性。我相信，家长们一定听见过孩子把故事中的形象和语言融入他们的玩耍之中。孩子从故事中了解世界，一个大大超越了他们房间墙壁的、有各种可能性的世界。他们通过把自己的心和情绪交给故事中的角色，雕出自己的身份，挖掘出内心的慈悲和感同身受。

故事影响着孩子叙述自己生活的方式，也影响着他们自己说故事的方式。爱因斯坦曾说过：**“如果你想要孩子聪明，读童话故事给他们听。如果你要他们更聪明，读更多的童话故事给他们听。”**童话故事中有一切：真、善、美，挣扎、第二次机会、错误、冲突、承诺、魔法，有孩子们适用一生的基本课程。

在第三章我们讨论过小小孩对重复的喜爱。4岁以下的孩子对所有故事的反应都是（不论讲的还是读的）“再讲一次！”就算对稍大一些的孩子来说（4~8岁），把他们熟悉的故事重复讲好几次，也会让他们有肯定和放松感。重复，让孩子深深理解这个，消化、融入，而不只是尝一口而已。

什么样的家庭故事我们会一讲再讲？就是那些有孩子们钟爱的角色，幽默、危险和恐惧、艰难困苦与英雄事迹的故事。“记得安娜割到脸颊要去缝针吗？记得我们终于从医院回家，喝奶昔当晚餐吗？”担心和放心被转化成故事，重复的故事变成家庭的信念。“看看我们多坚强！看我们能做到！”我们不但重新激活了那些勇敢的记忆，还加强了我们对自己的信念。你的孩子最注重家庭什么地方？从孩子要求你一讲再讲的故事中就能知道。

分享故事，读给孩子听，是一种能扩展父母力量的节奏。你也许做到了让孩子有温饱，可以给他们遮风避雨，大学也许还遥不可及，但是你可以让孩子的童年充满丰富的故事吗？太好了！这样做，你就提供了安全感和联系感——节奏中最好的一部分。你也获得了魔法，床边烛光的光晕就是你的舞台。故事打开了一扇通往其他世界、魔法世界、过去与未来的大门，在你向孩子展示“无限”的时候，也强调了“现在”的重要。

睡前故事，可以是一种非常有价值的联系和沟通方法。我遇到过的一个案例对此有着很好的诠释，是安帕与劳拉的故事。

6岁的安帕，读一年级，她在学校表现不错，每天都很想上学，很享受学校的世界。她妈妈劳拉来看我，她说安帕在学校没什么问题，但是在家却很易怒。劳拉说她的兄弟住在加州，病得很严重，她经常每隔几周就去一次，一次待大概5天。身为单亲妈妈，劳拉非常努力地建立了一个家庭和朋友的坚强网络。安帕在这个网络中很适应。但却单单对妈妈很愤怒，不止是因为妈妈常离开，还有伤心。

“关于你的离开，你是怎么跟孩子说的？”我问她。她回答：“我尽量实话实说，她爱她的叔叔，知道他病得严重，我认为她该知道实情，而且她也应该能理解，我不想编个故事告诉她。”“是的，但她应该听到两者，”我说，“她该听到事实和故事。但现在，你更需要用故事的方式来帮助她了解事实。”

我建议劳拉用睡前故事的方法去叙述这件事情。我建议她讲许多故事或用不同方式去讲述一个故事，并且重复讲：有关一个人在困境中如何找到出路的故事。他或她也许是迷失在森林中，完全走失了，在黑暗危险之处。其中有危险，有要克服的挑战，但是故事的结局一定是光明和改变。故事的主角（也就是安帕）会找到一条出路，解决一切的出路。

大约在一年之后，我再见到劳拉。她告诉我，弟弟已经过世。她有点不好意思地笑着说，一年前我们谈的时候，她有些被我的建议激怒了。她解释说：“请理解，那时对我来说是很艰难的一段时期，我受不了你的‘处方’竟然是‘童话故事’。但是，真的有效……这故事安抚了她，她走过了那段日子。”我问：“她现在是否还要听那故事？”她有点诧异我竟然知道，她说，是的，“她确实要再听，我还会向她讲，她不要故事有任何改变，但是现在当我讲这故事时，我的感受已不同了。”我知道为什么，我说："你现在自己也相信了，对不对？"

**孩子的心灵需要滋养，故事可以做到这一点。**故事很有力，像创可贴，能给孩子他们需要的力量和影像来了解他们的世界。对安帕而言，她的母亲就是她的"世界"，她的安全感。看到她母亲的动摇，她感受到的不只是惊吓，还有愤怒。为什么？因为这种状况跟平时的正常秩序有冲突了，而故事给了安帕一种感受的出口，一种肯定，让她看到这世界的"秩序"有一天会恢复正常。大部分小孩想找的答案，都可以在故事中找到，这正是成人世界和孩子世界的不同之处。身为成人，我们总会假设孩子的世界与我们的世界有直接的对应，所以我们认为应该直接、完全地沟通一些困境。毕竟有了眼前一切的事实，孩子应该可以了解任何事。但是，孩子并没有完全浸入现实世界，他们处理和消化资讯的方式和我们完全不一样。他们需要简单的事实，明白的讲述方式，特别是需要他们直接回应的问题。

不过，对于那些他们难以理解或者接受的事实，孩子需要一个装载事实的"容器"。故事就是个大容器，让孩子们有地方借助想象力来消化可怕的事实。有了故事，安帕就能学到一点类推的能力，通过类推来面对事实的真相。**故事给了小小孩一双翅膀，让他们能在"事实"的残酷环境中，自在地飞翔。**

当她和安帕都需要的时候，在艰难的状况之下，劳拉学到了故事的力量。身为父母的她，将会把这种力量运用到其他需要的地方。我们通常对我们孩子所需或他们有困难正在挣扎之处，有一点儿灵感。有时候，一个故事虽然和孩子的行为并无关联，但它仍然可以是个礼物、是个通往新眼界的桥梁，可以提供一些影像，创造一种气氛，这种气氛就像打开的窗户中吹来的凉风一样，孩子可以感受得到。故事中有我们无法控制的生命力量和生命体，让孩子们小小的慈爱心得到极大的回报，或让孩子体验勇气和幽默的神奇。在故事的影像性、可塑性、可能性之中，孩子的情绪可以得到投入与释放。可以说，故事提供了延续生命的力量。

在我们结束这一章之前，我希望你已经找到建立家庭生活中的规律与联系力的方法。我也希望你理解了节奏是一种礼物，不需要任何存款就给你的孩子能提供一生的利息。

***想象一下……***

你家的日子有了一种秩序感、节奏感、流动感。

困难的转换，通过可靠的模式，变得顺畅了。

你家里越来越有一种一贯性，有一种靠得住的、一切都在预期中的喜悦，和对事情的安全感。

在节奏成型后，联系与暂停的机会将继续增加。

当你的孩子对一天的流程了如指掌时，他会多么有安全感。

你的孩子在家庭生活中，从“参与”走到“独立精通”，他们的角色会渐渐加重。

家庭晚餐变得越来越有规律，食物都很熟悉，令人安适，在重复之下，联系越来越紧密。

有丰富的家庭故事可以分享。

在全家共同参与的活动越来越多的情况下，“一家人”的感觉在不断地增长。

# 第五章　时间表

休息一下，田有休耕，方得丰登。

——奥维德

12岁的狄伦正在参加全年足球联赛，同时还在准备空手道紫带级考试。他在流行乐队和爵士乐团中吹小号，平均每天晚上有1~2个小时的时间用来完成家庭作业。狄伦的妈妈凯洛，是一位财务顾问。她告诉我，狄伦与他9岁的妹妹迪迪相比就是个闲散型的孩子。“他还没有发现自己真正感兴趣的事，不过我们打算让他做各种尝试”。两年前，凯洛注意到，迪迪在众多课后活动中似乎对体操和马术最感兴趣，于是凯洛让女儿学习马上体操，这是一项将体操和马术相结合的高水平技能。凯洛说“我们的自由时间就这样没有了！但是迪迪真的很喜欢，她被完全吸引了。”大部分的周末，凯洛或她的先生罗伯会带狄伦参加足球赛。迪迪则和教练装好马用拖车去附近州参加马上体操比赛。

凯洛和罗伯是聪明而忙碌的人，他们对家庭和事业都很投入。两人很用心地养育孩子，帮助他们在学校表现良好并追求兴趣。凯洛写信给我，对我在一次电台访问中谈到的“过度安排孩子时间”表达了不同意见。在那之后，我们见了面。不用说，凯洛在花很多时间开车接送孩子的时候听了不少电台节目。

凯洛坚持认为我没有把“动机”考虑进去，她认为“过度安排”用得有点言过其实。一些父母可能出于望子成龙的心愿，或是忙于工作无暇照看的现状，强迫孩子参加活动。“我们不是这样，罗伯和我是要给孩子我们儿时从未有过的机会”。她同意对孩子而言，没有兴趣的活动可能会造成压力，但如果孩子发自内心的喜欢，这种忙碌就是有收获、兴奋，甚至提神的。

往返了几封信后，我在凯洛家乡附近的演讲会上与她相会，这让我很高兴。至今我们还保持着朋友关系。当我将她的孩子比喻为收成，她的努力如同在种田时，我担心凯洛会有被冒犯的感觉，但她并没有。后面我还要讲一些这方面的情形。

首先我要讲清楚一点，我完全赞同孩子要积极活跃地投入到对各种兴趣的追求中。我不相信盘腿打坐的童年。孩子在活动中才能茁壮成长。我的女儿在度过一个好玩的下午之后，最佳评语就是“爸爸，我们原来都不知道，我们玩得实在太开心了！”我们都愿意看到这样的情景：孩子玩得小脸通红，很高兴，有点喘不过气来，头发也有点汗，脸上挂着汗水，全身心地投入到玩耍中。

凯洛不只对我“过度安排孩子时间”的评语有意见，她对另外一件在媒体上争论已久的话题也有意见。20世纪80年代早期，戴维·艾尔金德在经典之作《忙碌的孩子》中质疑，是否父母因为没有兴趣或时间照顾孩子，所以尽可能快速地将孩子推向成人期或是令他们“超级能干”。他在近期作品《玩耍的力量》中阐述了我们在催促孩子过早成熟的过程中所失去的东西。安济·艾林·布鲁克在《快速跑道上父母们的孩子》（1989）一书中指出，中高收入家庭的父母为孩子找课外活动的趋势有所增加，而这种趋势专注于提高孩子的“成就”。2001年，艾文·罗森菲德和奈欧密·陵兹《过度安排的孩子：避免过度做父母的陷阱》一书中关注了一种不良现状，即**“做父母变成了竞技运动”**。他们解释了这种情形是如何造成父母及孩子失去休闲时光和许多其他东西的。

这些趋势和引发的争议已存在将近30年了。但在当今社会，有多少改变呢？今天的孩子与父母儿时相比，又是如何度过一天的呢？

从20世纪80年代早期开始，有些活动大致上没什么变化：6~11岁的孩子每周仍然花许多时间看电视，当然现在他们已将很多时间花在电脑前了。他们在学校的时间与1981年的情况相比每周多了8小时，参加有组织的活动（例如：体育运动、艺术欣赏、社交活动、上课和去教堂）时间增加了两倍，即从11%（1981年）至20%~22%（1997年）。完成家庭作业的时间也变成原来的两倍。1981年，孩子们每周做作业时间平均为52分钟；1997年，6~8岁的孩子平均每周需要128分钟完成作业。这还是“不让任何孩子落后”政策实施之前的情况。2006年，美国在线与美联社的民意调查发现，小学生平均每晚就要花1小时20分钟完成作业。

总之，今天孩子们的自由时间少了，一周竟然减少12小时之多。根据密歇根大学的研究，1981年，学龄儿童，除睡眠、吃饭、学习和参加有组织的活动之外，平均每天有40%的时间作为自由时间，而1997年自由时间已降到25%。

有些父母，包括凯洛在内，觉得由于这些改变他们受到责备有点不公平。难道忙碌真有那么糟吗？为何孩子们不觉得满足而是变得疯狂？让孩子们有更多的机会有何不对？我认为责备没有任何意义或教育性。“过度安排孩子的时间”核心问题并不在于动机，不论对父母或孩子都不是。大部分父母都有良好的动机。极少父母（也许应该排除在很糟糕的一天）会说让小孩忙碌是为了解放自己。就算面对每日照顾家庭、工作、个人责任的真实困难，父母听到别人说他们急着将孩子推向成年而缩减了他们的童年也会感到气愤。为了供养孩子，父母表现出了最慷慨的动机。但就像过多的玩具会压抑创造力一样，太多的活动也可能限制孩子自我指导、打发时间、追寻方向的能力。

我们都认识一些孩子，他们需要有人帮其在学校、课外学习、运动、俱乐部以及各种聚会之间协调时间；一些蹒跚学步的孩子，时间被各种照管安排占满，他们不断适应着不同的保姆和环境；更有些孩子时间被排得满到如果空出15分钟都感到奇怪，马上就会觉得无聊。这些忙碌的孩子在做他们喜欢的事情时是否比较高兴呢？当然了。但是，这种安排强调了乐趣还是成就？满足还是竞争？父母与孩子的动机纠缠不清。孩子的动机是自己所爱，还是想要讨好父母？不论是哪种情形，我认为孩子喜欢做并不代表他们能够承受做太多而带来的压力。如果真有兴趣，就不会随着时间而改变。还有，健康的兴趣需要时间、闲情和其他兴趣做铺垫，只有这样才会令兴趣更深入、更持久。

**很简单**

太多的活动可能会限制孩子激发自身兴趣和自我指导的能力。

“平衡”与“控制”：这是我想到过度排班的孩子时，心中浮现的两个词。实际上是三个词：“平衡”、“控制”和“肥料”。孩子需要自由、松散的时间。他们需要时间“什么也不做”；有时间“倒立”一下；或者想个办法让卖冰淇淋的小贩车开过家门口，而不要总在街角就拐弯了；或者在练习倒立时想出这个法子。没有自由时间的生活能有多平衡？答案是根本不平衡。我们了解这一点，但我们也重视生产效率。当今社会对于童年和父母经的研究比三十年前多得多，因为童年已经变成一件“东西”（为成年做准备），父母经也变成一件“东西”（如何避免走我们父母所走的老路），我们试图用其中一样去控制另一样。当然，我们可以改进，可以加入更多选择，而且一定有办法增加效率。放弃倒立，躺下来，拔下一根草，像吹木笛般吹着；这段时光，这个下午，这个童年，这个孩子，完全可以再充实一些。就是这个！充实！身为父母，我们发现了所谓的“肥料”并把它加入了孩子的童年。

## 轮耕——平衡的时间表

20世纪50年代早期，随着化学肥料的出现，农民对土地有了更强的控制力，带来更高的生产率。人们可以不受自然养肥周期的限制，快速养肥土地。袋装肥料可以和粪便混合，还可以适用于不同作物。农民可以对单一品种的农作物进行大量、密集型的种植，于是便出现了一望无际的玉米地。施过化肥的土地可以短期内就有更多的收成。

一周三次的足球练习是否可以相当于一袋化学肥料呢？我承认这种类比有点儿牵强。不过，这种比较可以让我们洞察一些事实，也可以增加孩子排班表的平衡性。那么什么是动机呢？农民的动机是增加产量。这点是可以理解的，尤其是考虑到大环境。毕竟，农民也有压力：他家的收成与相邻农场比起来如何？在快节奏，充满竞争的世界，找到优势难道不对吗？有办法控制难道不对吗？

不幸的是，将工业原理用于大自然是要付出代价的。过度使用化肥的代价就是枯竭、贫瘠的土地。照看土地需要时间，需要更多的信任而不是控制。要使农耕可持续就要有“轮耕”，即除了用于收成的田地，还要有完全休耕的田地，有种植豆科植物或覆盖作物的田地。孩子也一样，控制了他们的时间，从他们的童年“收获更多东西”也要付出代价。他们过着加了“超磷肥料”的生活，从早忙到晚。过度充实带来的不是吸收反而损失了他们的幸福。没有“下班”的活动，终究会像无根的植物一样——无法继续。

“轮耕”与“可持续发展的童年”有可比性吗？让我们再深挖一些，以一种新的方式来审视孩子的时间表，从而使之简化。轮耕是一种均衡、互相依赖的模式。好收成要仰赖休耕过的土地，依赖豆科植物或覆盖作物滋养过的土地。休息会滋养创造力，创造力会滋养活动。活动又滋养休息，休息令创造力能持续。每一项都彼此依赖、相辅相成。

对我们的孩子而言，“休耕田地”就是空闲与休息，也就是“停工时间”。在这段时间里，他们可以走走停停、四处逛逛；可以冥想、出神；可以做任何令他们感到放松的事情。这是存在于学校铃声之外的时间，是家庭作业触及不到的时间。这时间存在于练钢琴，学舞蹈，准备晚餐用具之外，类似于与我们的宇宙并行的另一个宇宙时间。

我认为，豆科植物或覆盖作物的休耕就好比深入的玩耍，将自己完全沉浸于某件事情之中。这是一种参与——不论是有关艺术、建造性活动还是阅读书籍——这时，时间停止了。自我意识和挫折消失了，这段时间是孩子专心致志，可以控制的一刻。他们与正在做的事情，与所扮演的角色都建立了联系。这就是创造力的深层特性得以展现的时刻。

简化时间表，我建议父母设想一下孩子进行有深度、有创意的玩耍时的情景。这种情景通常与艺术或大自然有关。你的孩子何时全心投入？何时被正在做的事情完全吸引，而忽略了你和周围的环境？这种时刻和空闲或活动的时间同等重要，因为它们互相依赖。不过，我要强调这一时刻，因为身为父母，我们有时没认出这一刻就将孩子一把拉了出来！这就好像在教堂中突然打开收音机一样。我们切断了孩子此刻的体验，没有好好礼遇这一刻。而这一刻是孩子们处理感官刺激最珍贵的时刻之一，没有体验到这一刻的孩子就容易紧张，难以放松或入睡。

有关深入玩耍或轮耕的另一点就是：**身为父母，我们要试着注意孩子何时会全身心地投入玩耍，这是应该给予礼遇而不要试图去控制的时间。**信任胜过控制。正如史伯克博士所说：“相信自己，你知道的事比你想象的要多。”你无法“教唆”或“导演”一场深入的玩耍，你只能留时间给它，相信空闲和活动会培养孩子的创造力。一大堆艺术课并不会加强或充实孩子的创意。你对创造力的畅想也许不是他们的愿望。孩子的创造力随着他们的角色不断发展。你可以做的就是认出并礼遇创造力发展的中间过程。

活动——学校、课程、运动、家事、社交——相当于“收成田地”，包括日常生活中的忙碌：活动与互动，也包括“好的压力”和那些让人愉快或严肃的忙碌，比如班级里的戏剧表演，体育比赛，展示、派对，甚至考试。

活动与互动在均衡方面扮演着重要角色。就像休息会滋养活动一样，剧烈的活动会带来好的睡眠，会激发想象力。但是，如果时间表的90%都安排了活动，那就失去均衡了。过去20年间，社会已经将孩子的时间表充实到枯竭的地步。过度安排时间表的孩子就像不断作为收成田地的土地，没有休息和补充，没有深根的豆类来为其换气，让养分重新回到土地里；土质变硬，就像已经无法耕种的沙尘地一样。

**很简单**

没有休息时间的活动，就会像无根的植物，无法持续。

那么我们该如何摆脱过度排班的现状？如何简化孩子的时间表和生活？我想大部分的父母都不需要在时间表中加入什么了，天平早已倾斜。许多父母为减慢这种倾斜的速度而绞尽脑汁，他们不知如何简化自己和孩子的时间。

**“觉醒”是第一步。**如果我们开始认识到了空闲与创意时间的价值，就会留出一些时间让孩子们“什么也不做”，拥有完全属于他们的时间。这样我们就走对路了。我们会打开他们的时间表做简化。当我们珍惜一个空闲的下午——邻居孩子出来了，杰德的青蛙卵已经变成了蝌蚪，玛丽发现在紫丁香树丛后有个可以让她藏起来的地方——那么令人惊喜的一切就有了空间，有了生根之处。我希望本章内容能够增强你对均衡时间的理解，提出的一些方法让你的孩子拥有可长期使用的时间表，从而让他们有时间“建立”内在资源——能量、喜好、兴趣、韧性——也有时间来“消费”这些资源。

本书中每一节——简化玩具、衣服、食物——我已经提到简化孩子生活也会使你的生活得到简化。在这儿我应该不用再提了。我相信这种想法已经在你心中。以上内容更清楚地表明，当你降低孩子时间表的复杂度时，你的日常生活也会简化。毕竟，谁是“幕后工作者”，所有活动的驱动者？如果孩子参加的练习少了、参加俱乐部会议、才艺课、备考、甄选、玩伴聚会、表演，和朋友见面的次数少了，谁的时间表会变轻松？不安排的时间增加了，压力不就会随之减少吗？“均衡”也使成人受益，前提是你要先均衡孩子的时间表。

## 无聊的好处

“好无聊啊！”我相信你听过这句话。也许在半小时内就听到无数次。在这里，我们可以换一种思考方式，意识到无聊是一个礼物，会带来“好处”，这样会帮助你放松孩子的时间安排。西格蒙德·弗洛伊德认为“挫折乃学习的先导”。我得向弗洛伊德致歉，因为我要把他的话改成**“无聊通常是创造力的先导”**。想象在“什么也不做”与“深入而有创意的玩耍”之间有架桥，它几乎都是用无聊（挫折感）铺出来的。“我好无聊”——接下来，通常就会有有趣的事要发生了。（别想对孩子解释这一点，他们不会相信，他们还会发现这想法很烦人。）

第三章中，我们在讨论简化玩具时，明白了在玩具堆中的玩具不会被珍爱。这一原则也适用于活动。当孩子不停地忙碌，从一件事跳到另一件事，他们就很难知道自己想要做什么。时间表、责任、计划和父母在推动着他们。退一步吧！只要不是总有安排和娱乐，孩子就会有机会找事情做，会变得有创造力。他们会创造一个属于自己的世界。

好吧！如果你的孩子一直在哀叹“我好无聊！”无聊的好处对你而言就根本不是好处了。我的建议就是淡化它，要用比孩子们的无聊还无聊、单一、平淡的话语回应他们：“一定可以找到一些事来做的！”“但是，爸爸，我好无聊！”这时你就要打破纪录，变成宇宙中最无聊的人。

“真的吗？你一定可以找到一些事来做的！”“什么？”“就是你一定可以找到一些事来做的！”孩子会很清楚，你不但不会拯救他们，也不会与他们娱乐，你甚至十分无趣。这时他们就会自己开始行动了！

某些父母很难做到这一点。毕竟，社会文化令我们这些父母好像签署了协议，要成为替孩子服务一生的“娱乐委员会”。我们绝对是义务演员，但还必须表演，而且我们还真把这当一回事。我们把孩子的无聊当做自己的失败。从孩子的婴儿期开始，我们就在他们的小床上挂上了永不停歇的旋转摇铃。在欢庆间歇我们还要充当调节气氛的小丑。难怪我们累坏了！

允许孩子“无聊”，让他们去。有时，在演讲中，我会开个“处方”给父母：“可以让他们一天“无聊”三次，最好是在饭前。”我知道这很荒唐，但是有时候有了这种“官方许可”，你就会比较容易做出来。虽然有点儿搞笑，但我很愿意发这种“许可证”。

有一次，当我说要用平淡处理孩子“我很无聊”的表达时，一位母亲提出了不同做法。她是在农场中长大的，农场中有太多事情要做，“无聊”会让你担上很危险的责任。如果任何一个兄弟姐妹说出“无聊”这个字，30秒内就会有个家务事派给他（她）做。她说：“这个方法在城市也管用，我的孩子们就算“无聊”也保证不会告诉我！”

## 激动与平静：均衡的时间表

一直以来，我从那些听我演讲、参加讨论的父母身上不断学习着珍贵的知识和经验。一位名叫莎拉的母亲让我看到了她是如何有效改变女儿的时间表的。她的方法也帮助了很多人。带着她的祝福，我想要在这里分享这个方法。故事的开端是犹太人的一个节日。莎拉发现节日令她女儿“受不了了”。

莎拉家的旧式大农舍似乎多少人都能容纳下。这带来的好处就是：家族节日，所有的忙乱、快乐与荣耀，都在莎拉家。坏处是：莎拉的女儿，9岁的艾米莉到了某一点一定会崩溃；因为有太多安排，要去太多地方，到处都是人，大餐一个接一个，永无止境。

虽然艾米莉说她很喜欢这种聚会，但繁忙的第一天过后，她的行为就有了变化，从调皮变得有攻击性。这些行为造成的尴尬，让莎拉思索如何让艾米莉在节日时感到轻松些。有一天，在这个节日的最后一天，艾米莉已经无法与人相处了，莎拉决定带她出去走走，让她离开大家善意的询问和批评。她带艾米莉去骑了单车，那是很长的一段路，只有她们两个人。这种小憩——在忙碌的一天中插入的一段平静——对艾米莉大有帮助。当她们回家后，她平静了很多，回到了平衡的状态。从此以后，莎拉决定每天都要有段小憩。她可能带艾米莉和狗去公园玩一小时或者两人去散步。

莎拉明白，如果没有一些较平静的活动来均衡，这种大型家族节日对艾米莉而言太狂热、太令人激动。身为独生女，艾米莉过着可预见的日常生活。面对家中挤满人和活动，她需要花点儿时间适应。艾米莉没有适应，所以发作了。不过一旦有些活动加以均衡，她就可以适应，她会觉得能够控制，觉得受到关注，从而不会迷失在喧闹之中。

**很简单**

对孩子的时间表有所觉醒并引入均衡的活动，这会更好地满足孩子的需要。

莎拉开始将这种觉醒——激动与平静的均衡——带入艾米莉的时间表中。她会先查看整个一周的活动，依据活动来决定每一天是忙碌、活跃的“动”日，还是轻松平静的“静”日。她并非要控制艾米莉，只是要在忙乱中建立一点儿均衡感。所以，如果星期五安排了班级戏剧表演——确定是“动”日，她就会记着要用平静的周末或两天的“静”日来均衡一下。

这个理念并非是要远离刺激。班级戏剧表演，其中的准备活动和演出的兴奋都很好。就像节日一样，班级表演也是件大事。这些大事为孩子平静的生活带来亮点和高音。知道哪些事情带给孩子激动或平静就可以避免过度的刺激。在艾米莉的时间表中加入一些均衡性活动，并非要避免**刺激**，而是要避免**过度刺激。**

这两者的区别可以用一个例子加以说明。我从一位名为埃莉诺的母亲那里收到一封很好玩的信。她的先生喜欢在现场观看怪物卡车赛。埃莉诺一点也不想去赛车场，那里到处是噪声、人群、疯狂的促销、垃圾食品；而她的先生则很喜欢带他们8岁的孩子弗兰基一同前往。这帮埃莉诺解决了一个问题——她不需要陪先生去了！“如果我再也不需要去怪物卡车赛，我会是个快乐的女人。”但是另一个问题随之而来：“弗兰基回到家后很疯狂，他会砸碎所有的玩具，会用赛车场广播员的超大音量说每件事。还在墙上撞来撞去。”弗兰基很喜欢这种日子，但是老实说，埃莉诺怀疑，应该让他去吗？事后至少一天她几乎不认识这个孩子，弗兰基的情绪会脱轨好一阵子。

根据动与静的均衡，埃莉诺和先生做了协商。他可以带弗兰基去看赛车，但是那一天要算3个“动”日，必须要用3个“静”日来均衡。她先生同意了，他也看到这个方法有效。他很喜欢看赛车，但也知道有点儿过度了，特别是对8岁的小孩而言。在观看比赛后，他们有意识地营造一些“静”日。随后，两人都看到弗兰基恢复了正常。有趣的是埃莉诺在信的结尾处说，有一个历时三天的全国超级怪物卡车赛在亚特兰大举行，他先生没有打算带弗兰基去，“他说在网上看了这次活动的刺激性，不可能安排出足够的‘静’日来均衡这次活动带来的影响！”

## 安息日的时光

从孩子使用时间的方式，我们可以看到一代人的时间可以带来多大变化。但我是通过其他途径明白了这一点。我有时会问父母是否记得以前家中过安息日的感觉？我不是指他们是否有参加宗教仪式或活动，虽然很多人都那样做。在提出这个问题时，我的目的是要问他们是否在一周中有那么一天让他们“感觉”不一样，这一天比其他日子过得慢，过得安静。

有没有那么一刻，别人找不到你？——不是一天，仅仅是一刻而已。这个想法让很多人紧张，担心真有那么一刻别人找不到自己。想想在过去一两代人的时间里，多少新的沟通方式不断出现。从手持听筒到无线电话已经是一个巨大变化了。现在，电子邮件、传呼机、手机，令我们变成了移动着的沟通体，永远都“可以被找到”、“可以分心”、“可以有空”。不过，在这种情形下，你也许会质疑我们到底能够多“有空”。很明显，如果你对正在与你通话的人而言是“有空”，那么对其他人而言你就不可能“有空”，反之亦然。

随着我们沟通频率和便捷程度的增加，什么减少了呢？那就是，**安静的休息时刻。**就像我在安迪亚克大学的朋友与同事，托林·芬瑟所提出来的，随着“沟通”和“打断”的增加，平静的时刻被破坏了。

显然，“安息日”对不同人而言有不同的意义。除了宗教以外，安息日或叫星期日给人的“感觉”通常是更多的安静，是个能够共聚晚餐的“家人相聚日”。许多人会抛开生意，把一周的工作放到一边。（当然，这需要你不把为家人聚会、煮饭算作“工作”才行！）

不论父母回顾年轻时的感觉如何，大部分人都同意当年的星期日或安息日都有着今日难以找到的平静感。医生早已习惯随时待命。但如今，我们全都如此了。一周7天，一天24小时，随时待命。我们大多数人在大部分时间都处于焦虑状态。所以，当手机响时，我们从生理上的缓和状态迅速进入到激动状态，并且很难再回到平静状态。必须指出，这是高压力的一种症状。我们都该在生活中加入更多“安静的休息时刻”！

容易“被找到”，其实是模糊了“工作”与“陪家人”的界限，难道不是吗？通过手机找到家长，是可以让一位母亲参加女儿的足球赛，但这也意味着，她把办公室搬到球场去了。《华尔街日报》登过一篇文章，详细报道了一些父母在配偶或孩子限制他们在家里使用手机时，偷用黑莓的许多方法（藏在厕所，出去散步时偷带）。**当家中的一员分心了，全家人都会分心。**就算孩子没有自己的手机或黑莓，他们也清楚你有没有专心面对他们。

安息日的时光是“没有分心的时光”。在一周中抽出一天作为安静的家庭时间，这样的家庭并不多。但是我们仍然可以挤出一点儿时间。这样做就会在忙碌的日子中加入均衡元素，并且设立一些限制。你在晚餐时拒绝接电话的行为向孩子传递了这样的信息：“现在，我们在一起分享这一餐美食”。某些家庭还可以更进一步，每周抽出半天时间去爬山，或是星期日待在家里不开车，从而为家庭和环境付出的一点儿心意。

小小的起步也许也要花大力气。一位父亲告诉我，他每晚一回家就将电话声音关小。“对我而言这是一大步。我有意这样做，因为我不希望在陪孩子的时候还用一个耳朵在听是否该接这个电话。”一位母亲则告诉我，她在晚餐后就不检查电子邮箱了。“我明白了抓紧这一两刻会带来很大影响。只要用餐时与孩子建立的亲密感不被打断，就可以很容易进入就寝‘仪式’，而且非常顺利轻松。但如果我离开去查邮件，也许回一两封信。当我再回来时，我的孩子们就已经在跑来跑去，玩起来了，很难再将他们拉回就寝的程序了。”

如果生活是连续的语句，“安静的休息时刻”就是暂停，是标点符号。一位母亲提到她很忙，她体会到她不但需要学习“放松”，还要为孩子们

做“放松”的榜样。“我是能干、高效的模范，但是他们几乎没见过我坐着不动！”她决定晚上在孩子们看得到的时候读书20~30分钟。一成不变的是，每次都会有个女儿拿本书来，坐在她旁边看。他们现在每周有三天晚上是读书时间，没有打扰，没有电视，纯粹的共同读书时间。“我刚开始时并没想到会这样，我也从未想到我能做到。但现在我很喜欢这个共处时间，并在心中期待它的到来。”

## 预期

大多数家庭都随着时光的流逝，渐渐地，有时甚至是无意识地，加快了生活的速度，增加了活动数量。他们明白，维持一贯的快节奏需要付出代价，但是已经适应了。环顾四周，总有另一个家庭不仅做着每一件你做的事，甚至还有办法塞入更多活动——滑雪、参加太空营或者学习某种乐器，他们是怎么做到的？

他们只做，却从来不问为什么。为什么我们的孩子要如此忙碌？为什么我们的儿子只有12岁就要探究太空旅行的可能性有多大？为什么我们觉得自己需要提供一切？为什么现在就要做这一切？为什么明天再做总觉得有点迟了？为什么我们宁愿在时间表中塞进更多东西，也不要等等看随后会发生什么？当我们停下来，当我们有空闲时间时，会发生什么？

就像被调快的引擎，我们将自己调到了一个高压值，并很难退出。在第三章中，当你考虑减少孩子房间里过多玩具的时候，最初很难想象丢掉玩具能得到什么。会不会失去什么？至少会让孩子不高兴吧？我们讨论过“更少”的力量，较少的玩具能让孩子更加集中和投入，而不是受不了。

让我们把这种转换想象成两个简单的画面。第一个画面中，我们看不到孩子，他们被藏在玩具山后，麻木地看着玩具。另一个画面很简单，没有玩具山，只有孩子正在拿玩具。

第二个画面中有一点是第一个画面所没有的。不是那巨大的玩具山，也不是那最新、最棒的、能取悦孩子的玩具，而是另一样东西——预期。如果你不再为孩子过度的安排，有些东西就有机会和空间发展了。

放松孩子的时间，就等于为“预期”腾出了一点空间。就像孩子很难去珍爱埋在玩具堆中的某玩具一样，当我们已经很忙或者试图“做一切事情”的时候，我们就很难有心情去预期什么。

作为成人，我们总是在寻求速度和便捷。不管做什么我们都想更快，希望需要的东西能够即刻出现。我们还要挤进更多东西，因为预期会有空当（尽管空当从未出现）；或者可以说预期总会有那么一天会有空当。

当我们让这种“想要就有”的心理污染了孩子的看法和时间表，他们就失去了“预期”，失去了期待的喜悦和热情。你还渴望暑假的来到吗？还会去计算日子吗？请腾出一些暂停的时间，为预期和回想腾出空间。在第四章，我们谈过节奏和仪式，说到如何在孩子生活中建立一贯性和安全感。在有规律的生活里，星期日早晨的薄煎饼会很熟悉。但它还有特别之处，那就是孩子可以“预期”到它的浓烈香味。他们钻出被窝走向厨房仍然会感到惊喜。未安排的时间也有同样的效果：它为活动建立深度，有“多层次的意义和感受”。

我们让孩子在各种活动中穿梭，似乎告诉他们“世界就是这样”！过度安排孩子的时间表，不但不会创造出兴奋，反而创造了更高的期待。他们会问“下一件更棒的事是什么”。如果我们将时间表放松些，孩子就能预见下一件事即将出现，他们就会期待。这样“预期感”就会养成。预期不只提供快乐而已，它有助于身份角色的建立。

预期得来的喜悦——而非期待必有或索求——会加强孩子的意志力。

冲动，马上就要某一件东西，会令意志力薄弱。当一个孩子生活中有所预期，这种感受随时间增强，他们的自我意识也会增强。在我们“想要就有”的大文化下，很容易忘记等待竟然可以培养出巨大的力量。这很讽刺，是不是？！让我们看看在“预期”中还能建立什么。

**很简单**

预期不仅提供快乐，更有助于身份角色的建立。

当孩子有时间去预期一些事，例如一次露营，他们就会开始“想象”，开始在大脑中酝酿一些画面：他们所知的露营是怎样的，想象会如何，希望会发生什么，还有计划要做些什么。孩子们已经预先在心中勾画出露营情景的明信片了。“我打赌当我烘烤棉花软糖时，会有一只熊跑出来坐在我旁边！”现实与他们的想象是否一致并不重要，重要的是活动的丰富性正在不断累积。这场露营已经不只是一个事件而已，它变成一种体验，会为孩子累积多层次的意义和感受。你知道“记忆就是这样而来” 这句话的含义吗？不同层次的意义就是记忆的来源，就是记忆留在心中的原因。

“用预期的心情去等待”有助于孩子建立个性。这让孩子们明白，他们有一种力量，像欲望一样强大的力量；那是他们内心的力量，强大的“等待的力量”。我们的意愿如果不加管制就会像野草一样，威胁、占据我们整个灵魂；想要就要得到的欲望，会像蔓藤无止境地生长。“预期”可以抑制和对抗“立即满足”的欲望。它体现了孩子的成长，建构了孩子的强大内心。

## 上瘾的种子

我认为当下社会对孩子过度安排的争议遗漏了一些东西。这个问题其实超越了父母的动机，也超越了才艺课能给孩子带来多少压力这种显而易见的方面。虽然这些都很重要，值得大家思考，但对于过度安排，我最关注的是它对成长的影响，对孩子角色形成的影响。

想象一下，孩子忙碌的时间表布满一行行的活动、课程、运动；总有地方要去，总有事情要做。我担心这样的日常生活会种下不良的种子，它所建立的行为和预期模式会深入内心，难以改变。太多的活动会导致对外来刺激的依赖，形成“上瘾的行为”。你可以在我的同事弗利斯塔·沃格特对“上瘾”的定义中看到过度安排的阴影。这是**“一种不断增加、不得不做的倾向。为了避免痛苦或无聊，用外来的刺激替代内心的成长”。**

我看到，孩子在日常生活中，从早到晚的活动和事件在他们的生命中划下了成长的沟痕。这会导致他们对外来刺激的喜好和依赖远远超过情感的体验与内心活动。一个孩子如果拥有很多的玩具，他也不会感到满意，因为他们会认为欢乐来自玩具，而下一个玩具很可能比其他玩具更好。同样的，一个从未体验过“闲暇时光”或是“无聊”的孩子就会习惯性地寻找外来的刺激与活动。

还有什么呢？他们生活的韵律多是高音——一种难以持久的节奏。没有暂停，他们就没什么机会进行内心活动或处理体验，也没法深入进行“渴望、想象或反省”。没有暂停，就没有预期的空间。

## 平凡的日子

在你的生活里，大部分的日子都很平淡无奇，是不是？承认这一点似乎有此逆天，特别是我们一直都被鼓励，也鼓励他人“有个很棒的一天”。然而，我发现，拥抱平凡一天的美丽对简化孩子的时间表非常有益。

过度安排的日子里，孩子和父母都有许多压力。对孩子而言，他们要参与、表现和竞争。对父母（也是司机）而言，他们要维持这个时间表。要负责准时参加大提琴课，将孩子、琴和上课费都带到场。但是才艺课的最大压力还是“有所成就”。

并非每个人都会在其所做的每件事中都成就非凡。大部分父母会同意这一点，因为我们的生活和经历足可以证明这一点。我们放弃了芭蕾梦，改变了事业方向甚至错失良机。然而，我们总想为孩子下一场赌注。谁知道呢？看看老虎伍兹，他两岁就开始打高尔夫球！也许多上一些课，或早一点儿开始，我们的孩子就可以脱颖而出，与众不同？他们也许真的是特例！从小联盟打到大联盟，也真有这样的事发生过。如果将未来想象得太差，是不是就是把目标放得太低了？

但是有多少胸怀大志的大提琴手能与马友友的一较高下？如果我们坚持这些特例，如果我们以此来衡量自己的孩子成功与否，那么几乎所有的孩子都会被判定为失败者。拥抱平凡就拥有了自在和各种可能。在很多事情上，我们并非希望孩子成为少有的特例。我们想要孩子拥有的，说真的，只是投入而已。我们希望他们对大提琴的热爱会增长、会升华、会持久一生，不论他们是否表演，也不论他们是否能成为最优秀的大提琴手。

毕竟，平凡中可以有特例，但是反之则不然。给予普通的机会与鼓励，真正的才华就会浮现。但是“兴趣”——即便是极强的兴趣和能力——也会由于被逼得太紧、太快、年纪太小而早早消失不见。鞭策孩子向“特例”学习的过程中，许多的热爱与热情都被抛诸脑后。要爱那件事的本质，而不是爱它能带来声誉、荣耀、音乐奖学金之类的可能性。

## 很简单

领悟“平凡”是一种非凡的恩赐。

追求做“特例”还有另一方面的压力，这也是许多父母都愿意担负的，就是给孩子安排“荣耀的日子”，我们用大量的活动，“想要就有”的刺激与娱乐，提供给孩子一系列“彩虹般的美好时刻”。“这不是很棒吗？”“这个怎么样？”“还有更好的吗？”我们希望这些伟大的时刻，同聚一处，闪闪发亮，变成一道彩虹。每一天都比前一天更充实、更兴奋，给孩子一个与众不同的童年。

也许我有点夸张，不过只夸大了一点点而已。这种压力是真实的，它以或大或小的方式催促着我们，也以我们几乎不想知道的方式影响着孩子。如果我们被每日计划的责任累坏了，孩子们也当然会感到压力，**他们的压力来自要用更多的热情和更多的感恩来回应父母。**然而，当“彩虹般光辉的一刻”成为正常，孩子们会习惯于一个接一个的顶峰体验，会变得麻木。当每一个音符都是高音，孩子就失去了全心投入和掌控时间的能力。

“你今天过得

如何？”如果你的孩子回答“正常”或“一般”，你会不会感到失望？平凡的日子是日常生活持久的音符。它们将高音、低音区别开来，它们提供了音色与音质。如果孩子的快乐不是被钉在高音之上——不是被钉在特例事件或特例的天分之上——那他们就真的拥有了一件天赐的礼物，一种突出的个性。他们也许就会感恩每一刻、感恩每个平凡日子，这样快乐地走过一生。**还有比这更好的事情吗？**

## 运动

在美国，每年参加体育联盟的孩子超过52 000 000名。根据国家少年运动协会的统计，这个数字在过去十或二十年有显著增加。每种运动的参与人数都有所增加，孩子的年龄也越来越小。美国少年足球组织，一个非营利、赞助足球运动的团体，将参与儿童的起始年纪由5岁改为4岁。现在，许多有组织运动项目，足球、篮球、幼儿棒球等，都赞助那些允许18个月大的孩子参加的球队或联盟。

有组织的儿童运动变得更加复杂，更具竞争性，要求也日益严格。这就是所谓的儿童运动“职业化”。而这通常会导致早熟的“专业化”。过去，运动好的孩子也许会参加几种运动，一年最多参加几个月而已。现在，情形逐渐变为孩子专注于一种运动，非赛季就参加各种旅行比赛联盟，暑假则全天在专项训练营和额外的其他联盟中磨炼技艺。

“有研究表明，10年累计10 000小时的练习可以让你成为某项运动的专家”，密歇根州立大学少年运动研究院负责人丹·古尔德说：“麻烦在于父母听到这些后，就试着在两年内把这10 000小时练完。”

美国儿科医生在儿童身上看到了前所未见的伤害。美国知名运动骨科专家詹姆斯·安德鲁博士说：“将孩子抬到手术台上，你会忍不住自言自语‘难以置信，13岁的孩子身上竟有这种程度的损伤’。”《纽约时报》报道说，在与20名以上的运动伤害医生及研究人员面谈中，他们都反复提到少年运动员过度运动造成损伤的情况正在急剧增加，其主要原因在于“早年就开始专攻一项运动，以及全年近乎疯狂的训练”。

这种推向职业化的方式，也就是运动方面的“过多、过快、过早”，带来的后果就是孩子们“被累坏了”。这一现象引起了众多媒体的关注，焦点集中在孩子数量的增加以及少年运动模仿专业化运动的方式。然而，没有多少人能注意到有多少孩子在有组织体育运动中“提早退休”了。有资料显示，以运动的参与度来看，在11岁达到高峰，随后随年龄递增逐渐下降，直到青少年期结束。《体育教育、娱乐和舞蹈》中的研究报告表明，每年有35%的参与者退出有组织体育运动。年龄在7~18岁之间的参与者中有67%的人退出。《运动行为》杂志报告说，有90%学生在高二年级已经退出了一项他们参加的有组织体育运动。

我们需要关注过度安排的孩子和过度热衷的父母，也要重视过度操练的伤害以及由于过度强调竞争而让一些孩子坐冷板凳的情况。约瑟森道德研究中心针对运动精神展开的调查显示72%的男孩和女孩表示他（她）们宁愿在败队里上场打球，也不想在胜队中坐冷板凳。

孩子就是想玩，很简单，不是吗？至少，事情通常是这样开始的。许多家庭参与了少年联盟——将时间表来个彻底变化，放弃了家庭晚餐、傍晚和周末时光——因为他们相信体育项目就是为玩耍而建立的，它安全、有规则、有裁判，并且培养技能。但有那么多成人，包括教练、裁判、父母，参与进来后发现“玩”这件事，原本只是为了乐趣，如今也会出现在赛外坐冷板凳的情况了。

我要声明本人并不反对让孩子们参加有组织体育运动或是练习武术，我反对的是过多、过早开始。谈及早期运动存在的问题，我是指孩子不到

10岁或11岁就参与正式团队比赛，或练习武术并且每周训练超过两次。如果训练的本质具有强迫或攻击性，比赛缺乏建立友情和好玩的气氛，那么我的担忧还会加重。

在这种“太多”、“太早”的情况下，我将武术与有组织体育运动一起讨论。当我想象数以千计的孩子身着白色武术服，抬肘、马步、列阵排开站在我面前时，我的心就很难过。我并不反对武术的本质，就像我不反对运动，或者说……就事论事，我也没有反对玩具。**我只是反对将成人的努力、成人的竞赛感、狂热性和消费主义观点一并塞进孩子的生活。**本来用于训练青春期孩子的心志、体能、精神，以帮助他们更好地迈向成人期的艺术形式，变成了一种嗜好。腰带变成了战利品，很小的孩子就被迫掌握了一些他们根本还无法巧妙运用的技能。

最令我担心的是，大家对有组织体育运动与武术的热衷带来了儿童成长问题。大人和孩子都有点儿不对劲。孩子不到10岁或11岁就被有组织体育运动占满时间表，根本没时间无拘无束地玩耍。他们成长过程中至关重要的玩耍期被剥夺了。同样令人气愤的是，许多孩子在接近青春期时就不再参与运动项目了，而这时正是有组织体育运动和武术对他们的个性、独立性、成熟性最具贡献的时候。

我们来看看有组织体育运动与玩耍的差别吧。这些差别就像用球杆打球的两边，球会往完全不同的方向飞去。

球网的一边是组织化运动（小联盟、足球联盟等）或是空手道课程，另一边是自由玩耍（跑来跑去，或是抓人游戏）。首先说明，我并不认为两者之间只能二选一或者进行竞争性的比较。玩耍不是过去式，并不像某些父母认为的那样，运动不能取代自由玩耍。我们在第六章将会讲到对陌生人以及其他事物的恐惧驱使父母和孩子钻入车中，远离邻居，选择参加正式的比赛或课程。在保持 “时间表”这一讨论主题不变的情况下，让我们看看有组织体育运动和自由玩耍对孩子成长的不同贡献。

三个年龄在5~7岁的小孩，在车道旁的斜坡上玩小车。他们在争论“不是吧！他说我可以先用红车，我的转弯有四个跳跃，但最后一跳时滑落旁边，所以不算。”现实中，当这些细节被讨论时，车子通常已经靠边停住或是放在修车厂里。在玩耍中，孩子自由地协商规则，活跃地参与社交，在探索中学习。而在有组织体育运动中，规则已经存在，孩子就是学习如何在已设定好的规则中玩耍。

一点儿空间（后院或公园），一些孩子，一些可以攀爬或者躲藏的东西，再加点儿想象力，这样就会很好玩了。“你想要玩什么？”也许是你很熟悉的儿童开场白，就是从这儿开始有所发展。今天对“好玩”的认识明天也许会重复、增加，或是改变，甚至“存档”，直到将来的某一天才会复活。在正式的体育运动中呢？所需要的东西——设备、比赛的本质——都已确定。比赛结果如何也许有所变化，但是比赛本身已经被设定。

想象是内心创造的图像。自由玩耍需要对“可能发生什么” 形成一个画面，然后以此回答“你想要玩什么？”这个问题。不过玩耍中有许多可能性。“我们本来要为洋娃娃开个很棒的品茶会，但是艾米莉从兔子窝旁的小坡上滑下来，然后大家都开始滑下去，一开始我有点儿生气，因为品茶会开不成了，但是后来我们拿纸板来滑，这样更快。最后我们替娃娃也做了滑橇，看娃娃从坡上滑下来真好玩！”结果的多样性能建立内心的灵活性，从而超越了输赢式的运动。通常孩子会通过玩耍学到不要太过执著于心中原来所想的“玩什么”、“怎么做”或是“会发生什么事”。

**很简单**

自由玩耍的“混乱性”，带来许多变化和可能，这些有助于建立内心的灵活性。

自由玩耍的过程中，孩子必须积极地解决问题，要考虑他人的感受才能玩得起来，玩得“成功”。自由玩耍的成功就是可以继续玩下去，继续好玩。解决问题有时需要外力，有时得靠自己。“我该怎么办，这是最好玩的。但是亚力士不想撞汽车？可是没有他就不好玩了。还有，如果他走了，会带走那辆红车的。”玩耍中，当每一个人都有点儿“赌本”时，就一定得考虑彼此的感受。而在有组织的体育运动中，解决问题多依赖外力，由教练、裁判或父母来解决。

因为玩耍是要自创自发的，所以有极大的弹性，可以提供各种角色或职位让不同的孩子扮演。为什么呢？因为孩子会一边玩耍一边创造，角色与职位因不同的需要不断产生和变化。而在正式的体育运动中，你只能玩一个既定的角色或职位。更讽刺的是，这个角色或职位你做得越好，就越不能改变（守门员“一定”要玛丽来当才行！）。

随意的自由玩耍通常会随时间而改变，根据孩子或玩伴的兴趣来决定。它提供了一个宽广、多元化的活动基础，为今后的精细化做好准备。而运动更强调早期的专业化。狭隘的重复性动作为肉体受伤的危机埋下了隐患。讲到重复动作，玩耍的另一项不同点就是它不限制地点，随处都行；而有组织体育运动则通常需要父母负责来回接送到指定的地方。

有人认为，有组织体育运动为适应竞争激烈的世界提供了一种必要的准备工作：孩子应该掌握技巧，尽早学会如何“进行人生这场大赛”。有组织体育运动可以为小小孩提供一个“包装好的世界”，一个有规则、有程序的世界，而不是一个他们自创的世界。但我们低估了自由玩耍的重要性。这个社会抹杀了孩子自然成长的丰富性。事实上，随意的玩耍能建立多重智慧，培养面对将来所必需的技巧，也就是有灵活性和创造性解决问题的能力。随意的自由玩耍并非过时的旧式玩法，它是儿童成长的必需品，这种必要在当下显得更加重要。

如果你家的孩子还不到8岁，那么强调自由玩耍，而放弃组织化的运动和武术，就可以大大地简化时间表。首先，想一想每周你花了多少时间接送孩子参加培训，练习、开会、比赛。想象把这些时间花在公园里或家附近，那些能让孩子们聚会玩耍的地方会有什么不同。那个公园很可能就是前几年你经常去的地方，那时孩子可能在学步，或者还不到4岁，或者是去练习跆拳道和小儿棒球之前。现在，也许没几个学龄儿童去公园了。但你可以把这当作是为自己的孩子以及社区开发一项资源。大家会一传十，十传百，孩子又会回到公园。可以带上一本书或是报纸，计划些事情或念点东西给孩子听。其他的，就让这游戏场中不断变化的参与者和游戏来自由发挥吧！

当孩子接近10岁时，他们会逐渐抛弃假扮角色的玩耍，选择正式一点儿的游戏。在成长过程中，这是一个敏感期。我们希望他们通过儿童初期的玩耍阶段已经学会如何自娱自乐和与人同乐。他们打造自己的规则，创造自己的游戏。在这个新的阶段，孩子将学习控制冲动，学习合作。如果他们有足够的时间去探索想象，就能在“可能做什么”和“可以做什么”之间建立联系。

有组织体育运动的局限性是：孩子还小时就将太多东西强加到他们身上，这会阻碍孩子的发展进程。这种情形下长大的孩子，如果在接近或处于青春期的时候“发誓绝不再玩”某项运动了，那就更可惜了。因为这时正是有组织体育运动可以为孩子发展提供大量好处的时候。因为，有组织体育运动会提供青少年期的孩子一种强度，让他们来挑战自我。当他们的情绪冲动转向内在时，外在的活动如运动（或者戏剧、社区服务）可以令他们非常投入。运动可以拓宽和加深孩子的自我意识，看到自己以个人名义和作为团队成员而作出的努力。

没有什么事可以令全家的时间表变得分外复杂或如无法通融，除非有孩子同时参加了两个以上的运动联盟；或是在同一个赛季，两兄弟或两姐妹各在不同的联盟。这些排列组合有无限的可能性，但共同的结果就是全家都进入无法变通的、永久的惯性运动。不论孩子们选哪一种运动，要知道他们真正的“家乡队”就是“家庭”，可以通融，可以配合，但是不能被牺牲。**失去均衡时，要强制均衡才行。**

我做过一个咨询案例，来自一个有5名孩子的家庭。家庭中有3个孩子都很喜欢运动。孩子们的年纪差别很大，最小的3岁，最大的两个在读高中。孩子的母亲乔莉，感觉自己就像无法到达终点站的公交车司机。最小孩子需要的亲密关系、玩耍和探究的时间都被最大的孩子占用了，因为要开车接送、要参加不同的练习和聚会。乔莉的丈夫公出频繁，基本没空。乔莉找到我，是因为一直以来她总以为会得到“解脱”，但两年已经过去，看来是不可能了。我建议她召开一次家庭会议，共同拟出一个更均衡的时间表。

均衡，就像完美的秋千，是不断摆动的，你得花力气去维持它，通常需要父母强制执行。当乔莉发现时间表全年都在围绕着运动转，她才知道这有些过度了。下面是她调整后的家庭时间表。大的孩子，12岁及以上，一年可选两项运动：主要运动和次要运动。例如大卫可以选择在学校踢足球，对于最爱的篮球，他可以加入联盟。但每个人都要选出一个季节完全不参加任何项目。球季时，每个孩子都要自己负责去安排拼车的可能性。

类似这样的调整，在家庭的均衡性被某种参与影响的时候或者在任何家庭成员（包括父母在内）的需要受到威胁时就应该进行。你可以从不同的时间角度来看，一年、一季、一月或者一周，看看你是否可以收敛一两步。**小孩越小，就需要越多的自由时间。**孩子本身也许不会感到这种需求的必要，特别是已经习惯排满班次的孩子。但是，均衡，**就像长跑中的步伐与耐力，长远来看十分重要。**

在某些层面上，我们会看到孩子需要别人帮助他们来调整“步伐”，均衡时间与能量。我们也许会警告他们“慢一点！”、“别忘了前面有个坡！”如果晚上有朋友过来一起睡，孩子可能从中午开始就像小龙卷风一样转个不停，持续兴奋。这时我们知道他需要休息一下，否则熬不到晚上就会累垮了。在这类立即可见的事情上，比较容易看出何时孩子的能量和欲望需要被驯服、需要保留一点。然而，安排未来时间时——不论是每日、每周还是每月——许多父母似乎投降了。他们没办法或者不愿意进行强制均衡。“她（他）想去！”就是过度安排的共同借口和口号。孩子的狂热似乎让家长感觉孩子对这项活动的兴趣会保护他们不受“过多、过快、过早”的负面影响。然而，以运动的参与度来看，在11岁达到高峰，随后就会下降。这很明显，有些兴趣是因为“过早、过于繁重”，无法好好地培养，最后反而被牺牲掉了。

**很简单**

孩子对某项活动的爱好，不足以保护他/她不受“过多、过早”的负面影响。

如果较大的孩子想要自己管理时间和参与程度该怎么办？当然，孩子到青春期时，父母帮孩子调整步伐就不太重要了。不过，有时候，就像乔莉的孩子意识到的那样，热情在坚硬的土地上会更加茁壮地成长。总体而言，乔莉一家在这种崭新的、不太疯狂的时间表下感到一种轻松与解脱。当然，这不包括汤姆。当时汤姆读高三，他的房间挂满了足球明星贝克汉姆和罗纳尔多的海报。只要有可能，汤姆每一分钟都在踢足球或是想着踢球。他也很有天分，是他所在的比赛联盟中的明星球员之一。此刻，他不需要更多的自由时间，他有热情。乔莉模仿着儿子带有讽刺的语气，转述了他的话："顺便提一下，妈……'热情'是不能被均衡的！"

确实如此，不过热情也不易粉碎。家中的新规矩为汤姆的欲望提供了一个平衡力。在他的意志更坚强后，他的热情也更强烈了。当时，在他看来，真是很不幸。他是家庭中的一员，他的热情被家中的新规矩威胁了，他的需求和渴望被家中成员束缚了。他得更加努力才能踢球，得"乞讨"拼车去比赛，要用家庭活动来"交换"出去比赛的日子。他还得保证整季不踢球。这些在最初看来是有些荒唐，但是他经常复发的身体疼痛终于复原了。总体而言，汤姆是个合群的家庭成员。他的热情在获得支持但不放纵的前提下保存了下来，并且继续发展。

均衡，就像长跑中的步伐与耐力，长远来看十分重要。这不只是对孩子而言，对大人而言也是如此，对运动员而言更是如此。

均衡就是我们简化家庭时间表追求的目标。一旦我们将孩子的名字从"快速走过童年"的竞赛表中划掉，时间马上就多了。休息的时间、享受冥想和刺激的时间、忙碌中获取平静一刻的时间、自由玩耍的时间、度过平凡一日的时间，以及培养兴趣、感觉无聊和预期无限热情与快乐的时间都有了。

**富饶肥沃的土壤需要时间与均衡滋养，童年也是这样。**事实上，除了简化家庭时间表时，把所有需要花费时间的事列成表也许会很有帮助（这张单子最好躺在吊床上写，或是当孩子在公园玩，你坐在旁边陪他的时候写）。记住，单子要留有空白之处，随时带在身边，这样你可以随时加入新的事情。孩子的兴趣、能力、自由感、幽默感、自我感都会出现在这张单子上，它们都需要时间来培养。家庭成员间的紧密性也需要时间和均衡来获得。所以要从制作均衡的时间表开始。**在孩子童年里种下均衡的种子，慢慢地，一个强壮、有韧性、均衡的个体就会被培养出来。**

***想象……***

你的孩子每天都有自由的时间来做白日梦和玩耍。

在偶尔无聊的时候，你的孩子会做些什么。

孩子有时间去梦想时，会有预期带来的欢乐，会有更深层次的感受。

有意识地用比较平静的日子来均衡孩子那些疯狂的日子。

感谢平凡的欢乐。

孩子的世界观在即兴、灵活的自由玩耍中建立。

随意的自由玩耍在孩子进入有组织体育运动时会对他大有帮助。

感谢那些花费时间（没有急迫，没有催促）才培养起来的兴趣与技能，它们更有可能带来一生的快乐。

你以身作则，温柔地坚持每日生活中的“暂停”与“均衡”，这是给孩子最好的终生礼物。

# 第六章　过滤成人的世界

初见艾米莉时，正值夏末。午后的阳光斜射进来。我们谈了一会儿，随后我让她选择一个最恰当的词来描述她做母亲的感受。她疑惑地看着我，带着一点儿惭愧的微笑，问道："只能用一个词吗？"是啊，这是个多么奇怪的要求。每个父母对子女的情感与思考都如河流般流动不息。从河岸的任一点跳下去，都会拉出一整条瀑布的记忆、感情、问题还有希望。很明显，艾米莉的整颗心都放在她8岁大的双胞胎彼得和克里丝塔身上。我想看看她的哪种情绪会先浮上来，渴望被了解。事实上，这对她来说并不难。

"担心"！

她很诚实地表达出来，我也深深地感受到了。艾米莉继续说，她可以花好几个小时来讲述自己对两个孩子的爱；可以用整个下午的时间告诉我们孩子给她带来多大的幸福，有多大的意义。但是因为我要求她只用一个词描述身为母亲的感受，她不得不承认，日复一日她感受最强烈的就是"担心"。"在我有孩子之前，没人提到这一点……没人告诉我母亲的心是如何被敲开然后装满担心的。"

我想大多数的父母都和艾米莉有同感。从我们开始做父母的那一天起，担忧和操心就随之而来。你还记得在初为父母的几周里，总是梦见自己把孩子忘在公交车上了，或忘在夏日花园里的黄瓜藤绿荫下，然后从梦中惊醒吗？无须任何人告诉，父母都能强烈地感受到婴儿的脆弱。婴儿通过依附关系，与你建立了联系，从而帮助他们逐渐走向成熟。身为父母，你的情绪脆弱才刚刚开始，随着爱和时间的增加，这种感觉会有增无减。如此挚爱某个事物，这是多么巨大的危机！

艾米莉来见我时，让她担心的事情是孩子三年级的老师似乎更关注克里丝塔的能力而对彼得的能力关注不够。艾米莉觉得老师一定是更喜爱克里丝塔。她担心情形会愈演愈烈。她也担心彼得的教练。很明显，教练没有给彼得充分的表现机会。彼得需要对自己的运动技巧有所肯定，如果一直坐冷板凳，这种期待就不可能会发生了。她担心他们的安全，因为事实上就是她没办法同时照看两个人。她特别担心彼得。他和克里丝塔很亲密，如果克里丝塔在学业上超前，社交也超前该怎么办？如果彼得现在不能超越别人，将来工作以后会怎样？

**很简单**

担心只是父母感受的一方面，而不是全部。

**担心和关心是父母感受的一部分。一旦成为父母，我们的生活就永远改变了。我们在心中整理出一块新的空间，将另一个人的幸福排在我们自己的幸福之前。我们给予他们关心与照顾，直到他们能照顾自己。**但是，与艾米莉交谈（与其他父母交谈也有许多类似的情况），让我惊讶地发现这种感受有点儿失衡。这只是父母感受的一方面，不是全部。当担心成为情绪中最多的部分，侵染了我们与孩子的关系，那就有点儿不对劲了。

艾米莉在密歇根州长大，是家中8个孩子之一。我问她是否认为她的母亲也有经历过同样的担心。她大笑着回答："不可能，""我的父母是大好人，我们从未怀疑过他们的爱。但是孩子太多了，父母又非常忙，所以我们大部分时间都是自己照顾自己。那时的情形也与现在大不相同。大门从不上锁，没有这么多担心的事。"

上一代人做父母与当下一代真有那么多的不同？如今真有更多要担心的事？有更多危机可能会对孩子的安全或幸福造成影响？稍后我们会仔细分析这些危机以及我们对危机的看法。现在经常让我感到震惊的是，恐惧和关心掩盖了我们对孩子的信任和希望。我们不信任孩子不断进化的自我意识，不信任他们的世界、他们的成长道路，也不信任我们做父母的本能。

我相信，简化孩子的日常生活是重建父母均衡感的好方法之一。通过简化孩子的玩具、所处环境、时间表以及家中的节奏与规律，你给予了孩子童年本该有的样子。让你的亲情与价值感能够立足。简化是认同孩子通过玩耍、互动来了解这个世界，而不是通过成人关心的资讯来成长。当童年不再被视为“充实才艺的机会”，而是一种探索的体验，有着自己的步伐与自然规律时，压力就没有了。**父母要有意识地从孩子的世界中过滤掉成人想要的“更多”、“更快”、“更早”，要保护而不是控制孩子的童年。**

本章中，我们将继续讨论简化的几个重要方法，从而避免孩子的世界里出现过多成人的资讯、压力和担心。当没有焦虑污染家庭气氛时，我们的呼吸也会比较轻松，做父母的紧张感也会放松。我们会思考身为父母参与孩子生命的整个场景；会看看社会带给父母的巨大压力。这压力将“做父母”变成了一种竞赛，令许多父母以“焦虑”为燃料，努力地成为“直升机”，凌驾于孩子之上。

身为父母，艾米莉最强烈的感觉就是担心。我们俩都知道有些东西失衡了。她需要更多的轻松与欢乐，需要在她与克里丝塔和彼得的生活中找到更多的变化。为了孩子，让我们看看如何简化，如何将成人的压力与焦虑从孩子的意识中过滤掉。让我们考虑如何以简化的方式参与他们的生命，建立一个充满安全感的“基地”，让孩子从这里出发去探索世界，让我们不再做直升机式的父母。

## 家庭访客

想象你伴侣的胞弟安迪，刚搬进你家。他人不错，大家都很喜欢他。但他说话时，只允许别人被动地听。孩子们很喜欢他！ 因为他有吸引他们的魔力，所以孩子们总是尽可能地与他混在一起。正因如此，他们就不

怎么出去玩了，不像以前那样经常和朋友玩耍、读书、骑车，但你想情形可能会随时间而改变。

安迪很有娱乐性，因为他知道许多事情，消息也很灵通。但说实话，他有时有点儿过分。他会给孩子讲些带有暴力或挑衅色彩的故事，或是让他们看此类的图片。还有，似乎每次你一转身，他就告诉孩子们一些新玩意，吃的或者玩的。而那些是你希望他们从来不会听到的东西，可如今他们想要了。你可以叫安迪不要这样做，他也可以改变话题，但是这需要你或你的伴侣不停地关注才能做到。他现在就在你家，而孩子又都迷上了他，所以通常你会随他去，这样日子也会过得容易些（你也有时间去完成一些工作）。你也许就好坏全收，慢慢地，你们两人都无法想象没有安迪的日子了。

仔细算算，你会发现，大孩子们每天至少花三小时和这位叔叔在一起，最小的孩子（才两岁）也发现了他是多么有趣。现在她每天跟安迪在一起的时间超过了在外面的时间，连你也不例外。在漫长的一天过后，你经常会坐下来让他提供娱乐。他知道如何引起你的注意。通常你会发现自己倾身向前，听着他对孩子们讲那些罪恶或恐怖的故事。他从哪里弄来这些故事的？他知道这会令你焦虑，但他也知道你会听着，不会叫他停下来。你和伴侣已经做了很多来简化家庭和孩子的生活。而对于这些，安迪完全不理解。你已经清理好了孩子的房间，他们不会被玩具弄到受不了的地步（现在，因为他的缘故，孩子们不断听到新的玩具）。你清理了食品，清掉许多流行的多糖小点，因为那些会影响孩子的神经系统和大家的腰围（很不幸，你的小叔总是引诱他们去要那些新的“人工”食品。你能守住防线，但是很费工夫）。晚餐时间本来是大家分享的时光，但是偶尔孩子宁愿与小叔在一起而不要吃饭（甚至当他与全家共餐时，他也掌控全局）。你简化了孩子的时间表，删减一些令他们没有空闲时间的课程与活动（可是现在他们得到的时间都花在听叔叔讲话上面了）。

以简化而言，安迪显然没有搞懂，也没发现自己说的东西经常与你的目的相违背。他没有孩子，虽然有时很好玩，但他不会把你孩子的利益排在第一位。有些方面，你的朋友也不理解、不同情你。“有什么问题吗？我们也有访客啊！难道你不能控制他吗？”这是个没完没了的争论，赢不了的争论。

如果你来问我，我的建议绝不含糊。安迪也许是个不错的人，但你应该把他赶出去，特别是在孩子不满7岁的时候。知道吗，安迪不是叔叔，安迪就是“电视”。我一开始就想讲清楚，家庭访客的黑洞其实是个有巨大力量的盒子。我一开始就想讲，不过我担心我在开篇就讲，你就不会继续往下看这一章节了。

## 简化荧幕

“简化”用语言说出来就是“不用了，谢谢”。要对那些急着将孩子推挤成人期的社会压力说“不，谢谢”。许多父母（和早期儿童专家）明白，孩子“未来的成功”与“少科技、多人性的生命初期”的体验之间有着一种“关联”，而不是“矛盾”。

简化孩子的生活，重要一步就是简化家中的荧幕：电视（它仍然垄断着我们大部分的空闲时间）、电脑、电视游戏、智能手机等。因为荧幕占据我们生活中的一大部分，所以这一步不适合一开始就做。如果你是个没骨气的新闻垃圾族或者在你家里处处都是荧幕，那就更急不得。然而，一旦你开始简化，一旦你看到孩子没有了过多负荷，轻松地做回自己时，你就会急切地要走出这关键的一步。你做出的这个改变可以保护孩子的童年，可以减少你的焦虑，而且也是简化日常生活最有效的方法之一。

简化荧幕，就像装上了一个阀门，可以阻止那些没完没了的资讯和外来刺激。对孩子而言，这一步的重要性非常明显，它带来的影响力大大超过你的想象。如果你在简化的其他方面已经做得相当成功，你可以将这一步看成是为你所做的简化买个保险，将一切美好的变化延伸下去。

电视毕竟是简化的直接反抗力，它比意志强大的父母更有力。电视能很容易地消磨掉你简化时间表得到的所有自由时间。1965—1995年，美国人平均每周多出6个小时的休闲时间，但是大家几乎把这些时间都献给了电视。

还有呢！电视似乎是家中最有影响力的媒体门户。亨利·凯哲家庭基金会，做了几项意义重大的研究。他们发现在观看电视不受限制的家庭中，小孩每天看电视的时间比一般家庭的孩子多两个半小时。换句话说，电视似乎是家庭与媒体关系的轴心，所以在简化荧幕方面，我将重点放在电视上。

**很简单**

对荧幕说“不用了，谢谢”。减少荧幕对家庭的影响，至少在我们的孩子还小的时候要这样做。

对荧幕或电视的争议由来已久，随着科技的发展，这个争议还将继续。这也是个会影响伴侣亲密性的议题。电视带来的危机多于利益？那么多少是太多呢？要知道，家庭和孩子的福祉并不是那个“显像管”的最大兴趣点，但却是我们最关注的！电视是个媒体设备，设计上就是要提供娱乐和销售产品，所以它不是叔叔，也不是朋友或家族一员，而是一个陌生人。然而它在家里占据的地位（通常是中心地位）却不容小觑，似乎还不能把它请走。

简化荧幕会减轻你心中的负担，为你做父母的天职带来更多的均衡。利用哗众取宠、恐惧、暴力对观众心理产生的影响，许多媒体、娱乐产业得以生存，无所不在。如果我们可以绕着家园画一条防线，不是令人松一口气吗？我们可以，至少在孩子还小的时候，对某些东西说“不用了，谢谢”。

对电视带来的“危机”与“回报”这个问题，神经科学已经提出了一些非常明确的答案。人脑在出生时是发展最少的一部分。它大部分的成长，包括基本的神经结构，都是在生命最初的两年，通过与外界的互动发展起来的。神经学家已经明确三项对脑部成长最有好处的刺激或互动。一是婴儿与父母以及其他人的互动；二是婴儿接触环境（触摸、感受和移动东西）；三是婴儿做“解决问题”的活动（例如“东西到哪里去了”，藏猫猫之类的游戏）。

在这三种重要的互动之中，电视哪样也无法提供。对于我们的小小孩，从神经成长方面来看，电视的“回报”可说是零。自1999年起，美国儿科学会建议两岁以下的孩子禁止看电视，两岁以上也要限制他们看电视的时间。2008年，法国已经禁止播放所有以3岁以下儿童为观众群的电视节目，告示如下：**“看电视会影响3岁以下儿童发展，具有一定风险：造成被动心态、减慢语言能力发展、导致过度激动、带来睡眠和专注力方面的问题，还可能出现荧幕依赖症。”**

因为大约只有6%的美国父母知道美国儿科学会的建议，所以迪斯尼、华纳兄弟、费雪等公司并未减少“教育”影片的市场推销，例如专门为婴儿与学步期小孩设计的《婴儿爱因斯坦》和《好脑筋婴儿》等系列影片。这些影片的名称就暗示了一种承诺，这也在他们的市场营销口号中体现出来：“我们与您一起帮助孩子成为下一个神童！”这个口号比美国儿科学会的结论更迷人。虽然儿科学会认为这些影片不会帮助，反而会伤害学龄前儿童，这些市场营销的说辞华而不实，但是情绪的拉动力是巨大的。他们利用了父母对孩子的热望，利用父母担心孩子智力发展的“机会之窗”过了3岁就会关闭的心理。《婴儿爱因斯坦》在1997年上市。到2003年，每3个婴儿中就有一个看过这部影片。许多研究都已经得出结论：看电视，就连教育性的节目在内，实际上都会延迟而不是促进语言能力的发展。

没错，以往许多研究和美国儿科学会的建议都已指出婴儿和学龄前儿童也许是最易受电视负面影响。然而2006年，研究者发现，3个月大的婴儿中，有40%的婴儿经常看电影或电视。两岁大的婴儿，观看电影电视的人数占到了90%。可见，虽然所有的资料都指出电视的“风险”，但我们仍然允许甚至鼓励小孩去使用电子媒体，使他们建立习惯与依赖，并随着成长有增无减。

**很简单**

一个人活到70岁时，他（她）已经花了相当于7~10年的时间在看电视。

8岁到18岁的小孩和青少年，平均每天花3个多小时看电视，这还不包括看电影和玩电视游戏的时间。把所有媒体都算在内，这个平均值就变成每天大约6个半小时。电视仍然占据其中最大的部分。

父母会开玩笑说：孩子在电视前好像被“催眠”了一样，在《科学美国人》杂志中，罗伯特·库比与米哈雷·希克斯赞特米哈雷指出：“电视瘾可不仅仅是一种比喻而已。”脑电波显示，与其他活动相比，看电视会缩减脑力活动。看的人描述自己是“放松了”或处于“被动”接受状态。放松感在关掉电视后就停止了，而被动感和警觉性降低则一直持续。参加调查者通常反映，电视“吸走了他们的能量，让他们有空虚感。看过电视后，注意力更难集中”。库比他们认为这种效应与物理第一定律相同，即休息中的身体会有继续休息的惯性。当然，我们还可以将儿童肥胖人数的增加与看电视时间的延长联系起来研究，对两者之间的关系做进一步确认。

一些研究人员，如西雅图儿童医院的德米特里·克里斯塔克斯，以及《孩子成长中的心智》一书的作者简·海利，都在质疑电视节目所使用的技术会对大脑产生影响。在儿童节目中使用导向性反射技术可以吸引孩子的注意力。当孩子看到或听到一些东西，而大脑判断不出它是否正确或正常，例如闪动、动画角色、快速的放大或摇摆镜头、跳动的字母，他就会专注于此，直到大脑判定这不是一种威胁。克里斯塔克斯解释说：“让孩子持续地曝光于高强度、不真实的动作中，就等于在训练大脑去接受并期待这种输入。”与电视带来的高度刺激相比，真实的生活看起来很慢，孩子就会感觉无聊而不予关注。

电视带来的高度神经刺激和身体被动对脑部发展的作用和直接与世界的互动截然不同。这一点在生命的头三年十分明显，并且将一直贯穿整个脑部成长期，也就是青春期。麦克·古利恩在《男孩子的心智》一书中指出，**电视带来的被动性对男孩的影响尤为令人担忧，因为他们的脑部发展更加依赖于身体运动。**

电视节目和游戏中的暴力对孩子的影响也令人担心。2000年，在美国两党的国会会议上，美国医师协会、心理协会、儿科学会、儿童与青少年精神病学会共同发表声明，表示“观看含有暴力内容的娱乐节目会增加挑衅性态度、价值观和相关行为，特别是对儿童，它的影响是直观而长期的。”

小孩子看待暴力的角度和大人不同。在六七岁之前，孩子还无法区分真实与幻想。所以当他们看到电视上的粗暴行为，就会认为是真实的。更糟糕的是，在安全舒适的家中，在沙发上靠着所爱的人，或者边吃着饭或点心边观看这些暴力——谋杀、强暴或攻击，孩子（与大人一同）会变得对暴力麻木，甚至将暴力与欢乐画上等号。

暴力与现实的脱离也存在于电脑游戏中。充满暴力的电脑游戏会令人对现实生活中的暴力感到麻木，让暴力变得不再可怕，变得可以接受。玩游戏的人因为暴力行为得到回报，这种麻木便会增加。在一个名为“当我死时，我觉得渺小”的研究中，七至八年级的参与者表示他们想成为最喜欢的电脑游戏人物那样的人。”暂且不谈其中的心理及道德效应，也不谈孩子对游戏中的行为有何感觉；当他们如此强烈地认同这些角色时，他们的自我观念和角色感都受到了影响。

你曾想过看电影前先读一下原著吗？你可以想象那些角色的样子，边看书边在心中构建一个世界。这个内心过程会引出有创意的想象和学习的较高形式。简化荧幕，你就在孩子成为被动消费者之前给了他们时间，让他们在心中创造自己的世界——不只是通过读书，而且会主动地、有想象力地去玩。

电脑使用方面也存在争议。对当今的孩子而言，良好的电脑使用能力是十分重要的。然而我认为，电脑就像其他工具一样，只对年龄适合的人有用，对七八岁以下的小孩没有帮助。对电脑不大在行的成人都知道大部分小孩都能很快、很自然地精通电脑。在《无法连线》一书中，简·海利指出，青春期之前从未用过电脑的孩子，在几个月内就可赶上从学步期就开始用电脑的孩子。

已故麻省理工学院教授，人工智能的先驱人物约瑟夫·维森鲍姆曾经探索过电脑科学是否适宜小小孩。他质疑我们是否要把孩子暴露于没有任何人类价值观和常识的“人工智能”之下。他相信**人类互动有着一种卓越的品质，是机器永远无法复制的。**他用一个人类互动的例子来说明这一点：“父母在熟睡的孩子床边，默默无言地互相看了一眼。”

过早使用电脑是否真会干扰小小孩用于掌握人际关系与感官探究的复杂学习系统？我也有同样的疑问。我认为电脑不应该是（7岁以下）小小孩日常生活的一部分。如果他们从小就学会了先进入谷歌网站，然后再问问题（或完全不问问题了），那么孩子还会有多少好奇心、有多少活跃性和创意性，还会坚持寻找答案吗？

“更多”、“更快”与“更早”就是科技、媒体和娱乐产业的低音节拍。身为成人，我们在工作与休闲中，也许可以跟得上这一切，还满心欢喜于新的创意。然而身为父母，我们可以为孩子选择一条更慢、更简单的路。我们与媒体、科技的关系并不是“全要或全无”或者“一个标准全部适用”。这就像我们的需求，不论是大人还是孩子，都有明显的个体差异。作为父母，我们要控制媒体在家中以及孩子日常生活中的地位。**我们可以不用，也可以加以限制。我们要坚守“更少”的力量。**

**很简单**

**“媒体饱和”是当前这个时代的特性，但是作为家长，我们不能让它在孩子的童年中泛滥。**

对于孩子只有7岁或不满7岁的家庭，我建议他们最好干脆没有电视。这样做有三点原因：（1）我强烈地感觉到，对小小孩而言，电视的负面、长期影响大大超过它的益处。（2）没有电视正好大大支援了简化的目标。（3）依据个人经验，不要电视并不像许多家庭担心的那么难以做到。

没有电视的最初适应期通常为2~3周。在这段期间，烦躁不安和“我好无聊”的抱怨会慢慢消失，其他活动会逐渐替代看电视。许多父母发现让孩子没有电视看比他们想象的要容易，比不断监视、限制孩子看电视的时间更为省力。（不看电视的家庭通常反映，最难的是如何处理外人的评论以及亲友们“好心提供”的电视。）

说“不用了，谢谢”并不总是受到欢迎。孩子们会说“可是，妈妈，别人家里都有啊！”同辈人会说：“没电视？这是什么教派的规矩？”不要电视，至少在你孩子还小的时候，并不是说“电视是个不可接纳的邪物”或是“我们要回到20世纪40年代”，重点是均衡。“远离电视是为了投入到与他人、与这个三维世界的相处中，选择主动，摒弃刺激和被动。当孩子还小的时候，更要如此。驱逐电视，就这一步，你就大大降低了孩子接触成人生活中的暴力和消费主义的几率。最重要的是，你家中的自由时间几乎会增加两倍。

我不否认电视具有保姆的重要作用，特别是当你要洗个澡，洗一些衣服的时候，没有电视可能就办不到。（你也许会说“这作者总算讲点儿有意义的话了！”）但是从长远来看，孩子在没有电视的情况下，会发展出丰富多元，令其终身受益的习惯。这也会大大简化你做父母的职责。当孩子不再找电视消磨时光（或自动上谷歌网站搜寻所有问题的答案），他就会挖掘内心的创造力和丰富的资源。还有比这更好、更可靠的“保姆”吗？！

在孩子还小的时候驱逐电视，这是我简化荧幕的建议中最具争议的一项。我已经看到了此项行动对儿童早期成长和创造力发展是多么有效。它对简化和减慢生活节奏也十分有效。经验告诉我，如此做的收益远远超过遇到的困难。我也建议7岁以下的孩子不要把时间浪费在电脑、电视游戏或手持电子设备上。再进一步说，我认为电视就不应该是孩子房间的一部分（房间内有电视的孩子比没电视的孩子每天多花近90分钟的时间看电视）。7岁以后，儿童的主要专注点会从家事转向外界信息。结果就是，他们更加离不开各种媒体、电视和电脑。发生这种情况时，父母就应该在孩子生活中找些均衡荧幕角色的东西了。

我知道我的建议无法适用于所有人。有一位妈妈说“我丈夫觉得如果在家里看不到体育节目，他就活不下去。我认为他可以，但如果否定他的想法，他可能就不会再和我一起生活了。”在儿童成长中可能遇到的前十项危机中就包括“可怜的父母”。所以，如果不能驱逐电视，可以退而求其次，我建议把电视（和家用电脑）搬出孩子的房间和公共空间，将它们放到父母房间、侧厅或是爸爸的书房里。这会帮助家庭成员将“客厅”与“分享活动”相联系，而不是变成“电

视厅”的代名词。这样做的意义在于把电视从日常生活的“中心”移到了“边缘”。某些限制看电视的家庭也指出，他们在每周或周末的“电视放假日”上获得了意想不到的收益。这种“放假”帮助他们简化，并清楚知道看电视的时间，也帮助他们培养了新的休闲习惯。

无论你选择什么样的方法来限制家庭中电视的使用情况（包括花费的时间或观看的节目种类），你要知道你是在做出改变，在避免电视带来的负面影响。在美国，8~18岁的孩子中，有半数以上的孩子家中没有关于看电视的家规。然而，研究证实在父母有所限制的家庭里，孩子就会花更多时间去读书，使用电子媒体的时间就更少。简化荧幕，减少媒体使用，需要创意和承诺。不过，家里的每一件事不都是如此吗？

## 参与

你还记得自然科学课上那些影像粗糙的短片吗？卵子受精、细胞分裂，胚胎在子宫中成长。这是新生命的奇迹，还带有数学上的美感：合二为一再一分为二。我有时想，身为父母也是如此，我们与孩子之间有着一系列的聚合和分离。我可以想象一个初为人父的男人，摇着摇篮中的宝宝，从上方看下去，就像中国文化中的阴阳图。与女子怀孕相对应的景象是什么呢？是不是父母在帮儿女搬东西上车，准备送他们第一次真正离家去上大学？超越了时间与距离，真正将我们联系在一起的是什么？孩子走出去又回来，再出去又回来，如此渐渐地走向独立。而在这个过程中，父母与子女的紧密关系就像薄膜，要不断伸展但不能破裂。

生物学告诉我们，这就是生命的运动方式，走向独立的方式。胚胎在子宫中成长时，细胞依据孩子特有的基因，跳着复杂的分裂之舞。时光倒转，6年前，你的女儿骑着她第一辆自行车，你在后面跟着跑，腰酸背痛。你已经在这条路上上下下十几次了，她还有点儿摇摇晃晃，慢慢地她会转弯了，脸有点红，很高兴地说“好了！你可以放手了！”是的，好了！你可以放手了！

这样很好，因为她真的想要骑自行车，就像她的朋友艾莉一样。骑自行车没有诀窍，最后一定要她自己掌握平衡才行。现在好了，她已经准备好，并且足够坚强。你曾经的陪伴和始终如一的帮助已长驻她心。正因为如此，她才能做好准备，变得坚强。正因为如此，你可以放手了。

孩子的学步，初次交友，开始上学，都是受到了她需求的驱使：要探究，要知道，要精通，要自主。如果运气不错，她向往独立的本能会得到你本能的支持——保护她，养育她，因她而快乐。最后的分离是否成功依赖于你以往与她会合时的力量和支持。如果这个过程完全是生物上的，无意识的，也许就如细菌在培养皿中的分裂一样顺畅。但是两种力量的作用——你的保护与养育之心，她的探究与分离之心——令这个过程不可能一直都顺畅。事实上，经常出现目标和步伐不一致，或时机不对的情况。幸运的是，这种父母与子女之舞，并非只是生物性的，还有着强烈的、“爱”的力量。“爱”也许有点乱糟糟，但它是唯一足够强大、能够优美而有节奏地包容、调解这两方面生物力的力量。没有任何其他力量能够替代它。

让我们仔细看看父母与子女之舞，研究一下如何把它简化。

## 基地

我们希望安全感能成为服务孩子一生的“基地”，这就是扶着孩子自行车后座那只手——最初是真正而且必要的手，最后成为隐形的手——但永远都是平静、有支持力的。

父母无须帮助就能发现孩子最初三年的巨大变化。在这段时间，婴儿的体重通常会增加4~5倍，身高增高2倍。第二年年末，婴儿的大脑已达到成人脑的3/4重，但它却比成人大脑活跃2倍以上，这种情形会一直持续到青春期。婴儿的神经元逐渐强大，长出轴突和分支。3岁时，每个神经元大约有一万个关联。

伴随婴儿的成长，以及他们对感官世界的深入探究，我们希望提供给他们成长所需的安全感和紧密关系。3个月大的婴儿会抓着母亲的手指，吃奶时熟悉母亲的气味。孩子探索外界时，母亲给予保护；孩子依赖家庭时，母亲给予温暖的怀抱，亲密关系不断地加强，父母和子女之舞优美的进行中。

我们保护孩子的方法之一就是做好“过滤器”的角色，在他们生命的最初几年里尤其如此。我们减少噪声、感官刺激来帮助幼小的孩子更自由地与这个世界互动。艾瑞克·艾瑞克森将婴儿的这一阶段称之为“信任与不信任的对抗期”。孩子哭泣时得到安慰，饥饿时得到食物，他们内心的信任感会超过非信任感。鲁道夫·斯泰纳将这个过程比作呼吸：孩子吸入“外界环境”，呼出“自我”。如果这个过程畅通无阻，孩子就会倍感安全地继续探索世界，拥有希望和安全感。

三四个月大的孩子，就开始探索世界了。他们关注母亲，关注四周的一切。蹒跚学步的最初几步可能是扑向母亲温暖的怀抱，等到能摇晃行走以后，孩子就会开始到处摸摸看看，然后再回到母亲那里寻求舒适和安全。信任会让这种探索继续，时间和距离不断延长。孩子的信任感和你的支持将是他们整个孩童时代探索世界的大本营、根据地。

信任与否对孩子的发展至关重要。如果婴儿的需求没有得到回应，早期没有和父母建立紧密、持续的依赖关系，不信任感就会占上风。那么以后，孩子在与他人建立紧密关系时就可能会遇到困难。没有稳固的紧密关系，会导致孩子应激激素皮质醇水平长期居高不下。

相反，如果孩子在充满爱和安全感的基础上探索世界，信任感就会占上风，他就会自在地成长。没有过高水平的皮质醇，他就能控制好自己的情绪。没有“压力——解压”的周期，他就能更好地学习。充满安全感地依附于父母（或其中一方，或爱他的监护人），孩子就等于有了一个稳固的“基地”。从这里，他可以外出探险，也可以回来休息。这是他前行、提高的基础，从这里他开始培养自己的意志力、探索力，并形成自我意识，走向独立。

对我们父母而言，这段时间也是选择“信任还是不信任”的决定期，是父母成长中的关键期，决定着我们在父母和子女之舞中扮演的角色。不过对我们某些人而言，总是信任的输家。我们仍然会对一个已经会走会跑的孩子“盯着不放”。我们“卡”在了一种放不开的状态里。

担心和恐惧阻碍了我们对世界以及对孩子的信任。最主要的是，恐惧阻碍了我们本能中的信任。

记得艾米莉吗？当她认为“担心”是描述她身为母亲感受的最好形容词时，就一定是有什么不对了！她卡在压力——解压的恶性循环中，陷在最初保护孩子的阶段不能自拔。孩子们已经说“好了，放心吧！”但是她听不见。当我们让恐惧遮蔽信任，我们就是在弃守“基地”，试着与孩子“同行”。拆除“基地”，登上了直升机，我们实际上拆除了他们真正需要的东西。要知道“基地”不是暂住的，也不能随时搬运。

## 直升机式的父母

与艾米莉有相同恐惧感的父母不占少数。2002年，大众日常生活调查显示，76%的美国父母感觉如今养孩子比以前难得多。只有20%的父母觉得与他们自己父母的难度大致相同。今天养育子女最大的压力是什么呢？答案是：试着保护孩子不受社会的负面影响。50%的父母投票说他们担心孩子被绑架。居其之后的是，毒品、酒精及媒体的负面信息等。

与前一两代相比，是孩子们面对的威胁增加了，还是社会的负面影响力增加了？或是媒体的覆盖范围和影响力扩大了？地方新闻的头条喜欢刊登儿童失踪、侵犯儿童的罪犯等类新闻。这是基于好消息不卖钱，而这类给父母的担忧火上浇油的新闻往往能吸引更多观众。他还会告诉你，11点新闻会报道细节！1985年，《丹佛邮报》获得普立策奖，是因为该报以多篇文章深入报道了当时拐骗儿童所带来的全国性恐慌，并揭示了事实真相。据文中所述，95%的失踪儿童是离家出走（大部分在3天内返家），而其他多是争夺监护权的结果。

艾米莉的母亲可能从未担心过孩子遭绑架，所以前门从不上锁，8个孩子随意进出。那么，到底是什么改变了呢？根据一项调查，90%的父母在决定是否让孩子去外面玩时，安全是他们最大的担忧。司法部报告，过去20年间，陌生人绑架儿童的案件数量并未增加。然而，单一事件经过刻意分析也会看起来像个犯罪浪潮。

媒体，遍布天下却又毫不留情，对父母的焦虑造成极大影响。不幸事件的图片特写出现在大量媒体上——从无线、有线电视到网络与掌上电脑——它带来的情绪影响成指数型增加。当恐怖信息被直接送进客厅，当它们整天跟着我们走时，危险的感觉就会增加，好像我们变成了当事人。

初为人母的妈妈在喂奶时，会开始注意自己的饮食——昨天的洋葱汤或是带有很多大蒜的土豆泥影响了她的奶水，导致孩了胀气，于是她会考虑午餐是否还吃昨天的剩菜。恐惧与夸张情绪随着“饮食”传递给我们的孩子。断奶后的孩子也会受父母的情绪影响。有时，我们异常警觉，特别努力地吸光每一个潜在危险，喂入每一滴关心，相信这样会增强对孩子的保护。其实，这只是增强了我们的焦虑而已。不仅影响了我们身为父母的幸福感，也影响着我们对世界的看法以及孩子对世界的看法。这加长、加大了恐惧的阴影，让我们在体会到喜悦、看到某种美好的可能之前，被危险阻碍了前进的步伐。

**很简单**

孩子情绪深受父母的影响。

就像空服员提醒父母“戴好你的氧气罩，再帮孩子戴上”。父母必须自己先放松，才能将轻松感传递给孩子。我想直接建议父母，特别是艾米莉这一类紧张型的父母：减少对媒体，特别是对新闻的关注。

在信息时代，这种建议看起来有点不近人情，甚至难以实施。但是我要说清楚，我不是让父母不看新闻或断绝与外界的联系，而是建议他们有意识地对过度的媒体信息说不，限制或拒绝那些提出警告而缺乏资讯含量的节目。这种行为会给你的情绪及家庭气氛带来极大的转变。

的确，在美国或任何其他国家，日常生活中都难免存在一些危机或危险。现在也许比我们成长时的危机更多。我不知道这一点是否正确，不过我知道今天的父母比以前的父母消息灵通，也更容易紧张。

身为父母，我们需要的不只是保护的欲望，不论这欲望有多么高尚和强烈。我们还需要自信地生活，做坚强、开放的父母。最重要的是，要有点儿幽默感。原始的保护动力是控制我们皮质醇使用的“水龙头”，我建议不要轻易、频繁地打开它。

露西是一位母亲也是一名教师。她参加培训班时告诉我，她的一段友情影响了她身为母亲的幸福感。露西在孩子的幼儿园与雷娜结识，雷娜的儿子和她的孩子同龄。露西说，她发现在与雷娜交谈或相处后，她总会觉得很难过。雷娜总是讲述她在电视上看到的或读到的有关小孩的吓人故事，抱怨许多学校的不足之处，她的孩子和别人比较的情形，以及有关孩子是否得到应有的机会等。露西说她理解雷娜的担心，但这些信息带来的负担让她无法释怀。于是，露西明白她需要的是朋友交往带来的启发与欢笑。于是，露西减少了与雷娜的联系，虽然有点儿伤心，但是感觉好多了。

我们不能只怪媒体引发了父母的担心，还有许多原因让父母像直升机一样“盘旋”在孩子的上空。“直升机式父母”这个名词大约在上世纪90年代早期出现，从那时起变得无所不在。它是个名词也是一种文化现象，具有不同的程度（根据得克萨斯大学奥斯汀分校的研究，“黑鹰式父母”是最易怒、最极端的）。在新千年的初期，大学生开始责怪父母，因为他们控制年轻人的许多决定——从选室友到选老师。但这只是冰山一角，父母的过度参与，或者可以说是“过度做父母”，并非专属某一收入阶层，也不分种族和教育程度，更不是美国独有。各个年龄段的孩子都感受到这种影响。父母的要求和焦虑在幼儿园的更衣间也能听到，可以从为孩子请家教、备战学术能力评估测试（SAT）的父母身上看到。要知道那是上小学后才参加的考试！

如今，许多父母变成“直升机驾驶员”也是有一定道理的。与一两代前的情况相比，我们生养的孩子不多，通常晚婚晚育。结果就是，没有大群孩子分散我们的注意力、心力和体力。我们的期望都专注在一个或两个孩子身上。而且大多数父母在生子之前都积累了一定的事业经验，于是便将公司里的价值观——工作上的理念和竞争感——带入了父母的职责之中。

**很简单**

科技混淆了隐私和独立、参与和过度参与。

这一代父母对孩子每一步成长的过度专注，也有“因为我可以做到”的因素在内。例如，有了手机（这是世界上最长的脐带）、电子邮件、手机短信、卫星定位以及其他各种漫游方式，我们可以随时和孩子联系。通过某些软件，我们可以马上看出孩子的成绩变化图，监视他们的网络聊天内容。他们的电邮、短信都可以被复制并发送到我们的电脑里。科技使我们很容易“过度参与”到孩子的生活中。对许多父母而言，孩子该有的隐私与独立空间似乎已经被轻而易举地取消了。

某些人指出，“9・11”事件、哥伦拜恩高中枪击事件以及类似的悲剧增加了父母对子女的监控力度。也有人用钟摆两端的例子进行说明：美国1965—1981年出生的人，每6个人中就有1个是在单亲环境中长大（许多人正是今日的父母），至少有40%的孩子需要自己带钥匙才能开门回家。这些虽算不上虐待或困境，但是整体而言，那个时代的父母多是放手不管。正因如此，这一代人做父母的钟摆就摆到另一边去了。

许多因素会综合成一种趋势，一个时代特有的思维模式和行为特点。毫无疑问，不同方式的过度参与是我们这一代做父母的普遍现象。如果直升机式的父母是一种形象的描写，“焦虑”和“竞争压力”就是让直升机保持飞行的燃料。现在，孩子的方方面面都可以用来竞争。要丰富、加强，提升孩子的早年时期，父母感到了来自自身和社会的巨大压力。在保护与给予的乔装之下，我们控制、迎合着孩子。如果童年是成长的“机会之窗”，我们似乎让机会之窗有了时间限制。在竞争的大环境下，越多、越快，就越好。我们的方法与目标变得很明确，那就是“在想象中的窗口关闭之前，要多塞入一些”。

文化可以被视为日常生活的公共泳池。在这里，我们受到身边人的方法与体验所影响。这正像家长之间的情况，他们似乎在每一件事上都要“比较”。过度做父母是当今文化的特点，全世界都一样。我们就浸在这个“泳池”中。我会与你分享常见的“过度做父母”的方式。而大部分的父母都会偶尔做一些这类事。重点是，我们要看看如何从过度参与中退出一些，将这“直升机”降下来。

我经常在工作和出差的过程中看到我称作“体育播报员”式的父母。基本上，这类父母将孩子淹没在语言中。他们随时报道孩子摸到、做到、穿到，甚至想到的每一件事。“你看看这个！彼得，亲爱的，看看你！你穿大红鞋跳个舞，真棒！看看你的手臂，像风车，像大象！现在，你全弯下来像个大毛球！你是不是要做个气球？亲爱的，是个气球在跳舞吗？”（这是个缩简版，事实上……你知道我的意思了吧！）

“公司式父母”则是同对待公司或公司团队的方法来面对家庭。所有的决定都要基于所谓的“账本底线”，一定要有哪些花费才能得到想要的结果，以及想要的结果是什么。最后的目标是“产品上市”，即把子女推向世界这个市场中。在那之前，生命就是一连串的“上市前会议”。公司式父母要让孩子对他们的“包装”，他们的“产品特性”以及他们优于别人之处感到兴奋。

“小好友式父母”（等孩子长大了就变成“好友式父母”）看不到成人世界（他们的谈话和活动）与孩子的世界有何区别。他们邀请孩子参与决定，花很多时间和语言避免说“不”。通常这是一种寂寞的表现。因为有些父母过于专注孩子，而与成人友情隔离，所以他们需要在孩子身上找寻一种比较平等的友谊关系。这类父母希望把子女变成成人，或者最好把自己变回小孩。想要拥有青春之泉并不是什么新鲜事。新鲜的是，现在有庞大的产业正在满足这些幻想，比如卖镶满假钻石的皮带给7岁大的孩子，卖低腰牛仔裤给大人。

“小丑式父母”认为自己应该充当娱乐者。这需要伟大的爱，不过也会累死人。在我心中，这类父母的形象并不具娱乐性，表面上说话热情又活泼，实际上累透了，像没有支撑的玩偶。这类父母通常会让孩子失望，因为孩子每天都期望有更精彩的节目能上演，而父母会觉得永远都做得不够。

现在讲到重点了，这些过度参与背后都有着伟大的爱。过度做父母也许来自过度的爱。这种爱没有完全尊重（或意识到）孩子的独立性。然而，出于爱，我们也可以选择从过度参与中退一步。我们可以在父母和子女之舞中改变方向、变换脚步，我们可以学着允许孩子有自己的任务、决定、冲突、人际关系和情感生活。我们可以提供稳定和安全，这块存于他们内心的、那个不会移动的“基地”。在这里，他们能铸造坚强与韧性。

## 退一步——少说一些

有时，我在学校进行演讲或办讲习班时，会请他们先收集听众的问题。这样，在我到达时，就有了一篮子的问题等我去解答。我会试着在演讲中或会后的小组讨论中回答其中一部分。有一个问题是大家问得最多的，但第一次看到时，真的难倒我了。不过，我现在认为这是简化父母过度参与的典型，我们可以依此类推。

这个问题是“为什么劳拉与玛丽一定会按爸爸说的做。”如果你的孩子7岁以上，你也许会知道劳拉·英格斯·怀德《草原上的小房子》这一套书。这套书根据作者的回忆，讲述了一个家庭的故事。妈妈、爸爸、劳拉、米莉与小莉莉生活在堪萨斯州。她们的生活很艰苦，遭遇过火灾、粮食歉收，但也有简单的欢乐。故事共分5本，内容上有许多的起起伏伏，但可以完全确定的一件事就是“没错，故事中的女儿们都会按爸爸说的做，从不质疑。”

为什么劳拉与米莉都这么听爸爸说的话，答案很简单：“爸爸从不多说话”。这也许令你惊讶，但是我将那些帮助父母从过度参与中退一步的诀窍进行总结和概括后就是：“少说一些”。

我们通常把小孩泡在语言中，不断地评论他们做的每一件事。我们觉得这会让他们知道自己被关心和注意。然而，我们讲得越多，注意到的就越少。最近，我和小女儿在草原上散步时，她指着一个高高的、弯弯下垂的小麦秆说，“爸，你看！看到了吗？”

“我看到了。”我们都停下来看，过了一会儿才继续向前走。

讲这一幕并非要说明我像个禅宗大师那般寂静安宁，我其实是个喋喋不休的人。我想用这件事说明“平凡一刻值千金”的道理。我可以对女儿做个生动的演讲，讲土生植物，讲麦穗的对称性，讲为什么这一棵长得比其他高。我也可以赞赏她的眼光，称赞她能洞见简单事物的美感。事实上，我可能一直在那儿讲呢……虽然她不见得还在听了。

我的女儿做了一个简单的观察，她指出了引她注意的东西并且和我分享。我不需要将这件事按照自己的想法变成什么大事。我不需要再去“充实”她的观察，用资讯、赞美或废话重新包装，加上我的印章或是包装袋，再交还给她。身为父亲，我不需要让每一刻变成“教学一刻”甚至

"特殊一刻"。我只要"注意到"就好了。

**很简单**

你说得越多，听到的就越少。

当我们在孩子身边说个不停、说得太多，留给他们的思考空间就少了，让他们表达的空间也少了。孩子认为某个东西不可能是"真实的"，而你一定要加以解释时，孩子的好奇心和创意力就"窒息"了。有人在旁边一直广播他的每一个动作会令孩子难以深入地玩耍。经过处理的资讯就像加工食品：快捷、方便。我们经常会自言自语，过度解释，替孩子预先消化他们的每一个经验。

我们并不一定要模仿劳拉的"老爸"，一位饱受风霜的硬汉，无休止的工作，做一个几乎一言不发的人。但我们过度参与，过度做父母的通常表现就是说得太多。我们经常在每一个体验、每一个寂静时刻加入语言。我们的意图也许是让孩子了解我们知道那件事，但是我们做的却是描述、赞美、指导，还有美化。这就像一个领舞者，由于过度领舞，根本没有机会看另一位舞者是怎么跳的。再过一阵子，她（他）就会干脆让我们背着走，脚再也不愿意碰地板了。

想象你5岁的孩子跑来给你看他刚画的你。你知道就好，不要讲话。你可以用心看一下，再还给他；如果你一定要讲些话，也请只表达观察到的，不要评判或赞美。你可以说"嗯……你用了很多红色"或者你可以问个简单的问题"你怎么把爸爸的脚画成这样？"他们就开始讲了，告诉你为什么用红色，为什么脚会是这样的，他们为什么喜欢将你的头画得像个瓜。也许他们还想再试一次，这次用左手画。此时他们正在投入地进行创作。他们需要你充当一个快速的联系，不需要你的评语或赞美。

在我们同时做的很多事中，只是关注、静静地见证是最难办到的事情之一。而做父母就是将注意力同时分成好几份。我们通常会试着用语言将破碎的焦点连在一起。事实上，当我们只是静静的认知，不用语言把空间塞满，不去歪曲、填充或美化事情的时候，是十分有力的。暂时不看电邮、不接电话，不马上去做另一件重要的事，只静静地提供我们全部的关注给孩子，哪怕很短暂也好。

我们需要每次都这么做吗？没有这个必要。我不是让父母停止和孩子交谈，只是建议父母少说一些。在嘈杂的世界中，寂静的关注比语言更响亮。给孩子更多空间去培养自己的思考和感受。“少说一些”是简化过度参与的基本步骤。接下来我还会讲一些交谈上的过滤器，可以用来帮助父母滤掉言语上的杂乱信息。

## 成人的话题

加里森·凯勒在他有关乌比冈湖的书和独白中，提到儿时参加路德教派晚餐和教堂聚会的情景。他的回忆抓住了当时室内两个分离的社交世界：成人的世界在上方，孩子的世界在下方。凯勒写道：“当时，孩子的注意力只在留下还是遛去玩之间徘徊，对大人的关注只有他们的脚真大而已。”孩子对父母们的谈话并无兴趣（这样只会延长他们被“错置”于成人世界中的时间）。他们更喜欢在自己的世界做自己的事，而不是参与无聊的成人话题。

“少说一些”的方法之一就是在谈话中有意识地注意到成人世界和孩子世界的分界线。我不是说两个世界毫无交集，而是说有些话题应该仅限于大人之间。有几个原因，最明显的，“成人话题”是指不适于孩子的话题。父母不要与孩子一起讨论性生活，也不该让孩子听到妈妈和姨妈讨论姨妈离婚细节。这些都是清楚的交谈界线。

不过，有些界线很模糊，甚至完全看不到。许多父母将大人的担忧和还没消化的想法和感受传递给孩子。“如果幸运的话，我的小朋友，这次出差，我就可以不带那个营销经理一起去了！”“我们要换拼车伙伴，因为我已经受不了莉吉的妈妈了，她总是迟到。”“要买蹦床？宝贝，我们赚的钱仅够糊口，除非妈妈升职了。”“哦，真希望不用每个假期都去你爷爷奶奶那儿……但是这话你可别告诉奶奶听！” 我有时担心这个社会对孩子讲得太多。让孩子参与太多（包括大人杂乱的言语和情绪）会将他们毫无准备地推向成人期。

某些父母把诚实和完全开放隐私画等号。但是，从本质说，“尊重”需要一点儿距离和界线。当然，偶尔边界会移动。这对单亲家庭的家长而言确实很难做到，特别是那些本来就没什么说话对象的父母更是如此。要知道，语言交流在日常生活中不可缺少。当我们累了，肉体和情绪的能量降低时，我们就会错误地把孩子当作回声板或人工耳朵，认为他们可以接受我们心中任何的困境和问题。

然而，不论孩子的问题或好奇心是什么，他们都需要“边界”，这样他们才能感觉到安全、自在。他们需要知道，有些事只有大人可以讨论，孩子不该听，不该去评论。孩子需要看到家长自我约束和面对成人世界的能力和自信。拥有了安全和自由，他们就会开始挖掘内心的声音，培养自我指导、自己解决问题的能力。内心的声音是自我和道德的起源。培养、加强和聆听孩子内心的声音，就能让它不被未经消化的成人想法、感受和担心所淹没。

**很简单**

"少说一些"的方法之一，就是不让孩子参与大人的担忧和谈话。

你是否有这样的儿时记忆？你坐在汽车后座上，正在打瞌睡。父母在雨中（或雪中）边开车边轻轻地和你交谈。当时你也许在放假，或者是晚餐结束的很晚，但是感觉很安全。即使在黑暗中，也有被保护、被看护的感觉。父母知道要去哪儿，也知道要怎么去，这感觉多好啊！你知道他们一定会在黑暗中带你回家。当你回到家（如果他们认为你睡着了），他们甚至会一路抱你上床。

将孩子拉入成人的交谈是对"分享"的误解。分享是平等和相互交换，而这是孩子不可能提供的。大人对孩子有这种期望是不公平的。孩子坐在后面感觉到安全，部分原因在于他知道父母不可能要求他开车。接受这种职责，尊重成人与孩子世界的划分，你其实是在给孩子提供一种自由感。当然，也有"分享"。"两个世界"一起分享家庭感和爱，一同成长。

还有一点，有些话题不允许孩子参与，还会让他们心中形成你在成人世界中的形象，一个神秘的形象。当你拥有内心世界，你的孩子就有了一个有爱、有独特性的真实榜样。他们会明白，一些事他们现在不知道，但随着时间会逐渐学到。

## 你爱自己生活的这个时代吗

作为大人，我们对这个问题的回答可能很复杂，也许完全取决于提问的时机。我们可能对政府，对经济状况颇有微词。我们也许感觉养孩子比以前难（或至少是有所不同），就像艾米莉感觉到的那样。答案千差万别，我们的分析能力也是如此。我们看到问题如何变化和解决，看到历史如何重塑社会与政治。身为成人，我们能为自己担心的事情按照轻重排出先后顺序，也能以不同的眼光来看待“我们生活的这个时代”。

但是，孩子们没有能力来处理这么多资讯，特别是那些超过他们理解范围的问题和事情。过多的资讯不会让孩子“准备好”去面对复杂的世界，反而会让他们变得麻木。还记得艾瑞克·艾瑞克森的观点吗？在孩子最早的发展阶段，存在“信任与不信任”的斗争。当婴儿的需求被满足时，“信任”获胜，安全感的基础就建立了，这使得婴儿对世界展开进一步的探索成为可能。作为发展的基础，信任需要一直持续，并贯穿整个童年。

**很简单**

孩子需要知道他们生活在一个美好的世界，有着值得憧憬的未来。

但这不意味着我们要给孩子戴上一副玫瑰色的眼镜，避免谈论这个时代存在的挑战，也不意味着孩子无法从早年的困境中恢复，重建坚强与韧性。只是我们成人的焦虑和担心不应该被孩子吸收。孩子们需要知道他们生活在一个美好的世界，有他们所爱的人保护着他们。让孩子感觉自己在一个充满希望和承诺的世界里。

上幼儿园的孩子在喝果汁、吃饼干时，听着雨林减少和石油储量下降的消息，幼小的心灵就对严重问题有了过早的接触。这对他们、对环境有帮助吗？这类资讯需要行动来解决。而孩子需要用自己的方式，通过与环境互动和玩耍培养灵活性，才能面对未来的问题。

“注意：桥会比路先结冻”这个路标提醒了我。桥更容易受霜降影响，因为桥面下没有实地，而道路下面的土地是实地，有温暖的地气。同样的道理，太多的资讯会冻结一个孩子，因为他们缺乏理解资讯的背景，还没有打好基础。而这种基础需要通过多年有安全感的观察、互动和探索才能建立起来。

我朋友凯希说她9岁的儿子山姆在学校有点儿问题。她强作轻松地描述山姆老师打来的电话，但是她的声音透露了她的担忧。山姆质疑老师的权威，大声发表讽刺性的评论，对老师所讲的事翻白眼。凯希说：“那不是山姆平常的样子。”我想，也许不是或还不完全是，但是这些行为听起来很像山姆的父亲——艾迪。

艾迪是财务分析师，他十分热衷政治，非常聪明、有趣。但是他尖酸刻薄，说话很伤人。他批评政客时毫不留情。艾迪挖苦、讥笑最多的对象是从21世纪起在任的那位美国总统。这么多年来，山姆总是听到爸爸给总统起各种绰号（白痴是最常用的一种），他在尊重权威方面出现问题就不难理解了。山姆无法理解他父亲看法背后的政治原因，他只听到了嘲笑。他不了解两党政治或竞选承诺，但他学到了父亲的讥笑和不敬。这对他小学四年级的学习生涯显然没什么好处。

少说一些的原因之一，是孩子在你的话语中主要听到的是情绪而不是内容。他们了解的不是细节，不是语言，而是“行动”。当我们以尊敬之心提及他人——不论是父母、公交司机、总统，还是收银员——多余解释就毫无必要了。

你爱自己生活的时代吗？如果我们少对孩子说一些他们不懂或完全无

力改变的事，我们就等于把乐观主义送给孩子。孩子不会在意这些事情的细节，但是我们行动的方式却决定了他们的看法。我们也许不喜欢某个政客，或是办公室的政治气氛，但是作为成人，我们知道事情会改观，我们可以用行动或投票来改变。

当我们少说时，就表达了对这个世界——人们力求公正的世界——的一种信心和能力。我们说话时的音调和举动已经将我们的意思表达得很明白了，不再需要解释和澄清。当我提醒自己要少说一些时，我有时会想到《杀死一只知更鸟》一书中的角色阿提克斯·芬奇。他用平静和一贯性的态度教育了他的孩子。这种安全感是无价的，这是一种稳固的基础。这会帮助孩子走过生命中的黑夜，为他指明通向光明未来的道路。

## 是事实吗，够善良吗，必须要说吗

哲学家告诉我们要认识到语言具有的巨大启发力和伤害力，要智慧地使用语言。在世界舞台上，这一点也许最为明显，比如马丁·路德·金的语言在历史中不断回响，给整个时代带来变化。语言的力量在家中也能起到巨大作用。透过世俗喧嚣，父母用语言帮助孩子塑造对世界的看法，对父母的看法。在我们这个时代，就连个人观点和网络日志里也会充斥着新闻。语言的意义常被淹没，所以只有当我们少说时，语言才具有更大的意义。

针对“少说一些”这点，我所知道的最好的过滤器，是我从19世纪的大师赛巴巴，苏格拉底、基督教教友派教徒、扶轮社员，诗人贝丝黛、伊斯兰教苏非派信徒及20世纪早期的唯一神论者的布道中总结出来的。就像许多真理，“记住”要比“做到”来得容易，这就是“知易行难”。我发现这个“过滤器”对父母而言很有用。不论何时何地，只要他们记得使用，都能帮助他们更有意识地少说。这个“过滤器”就是在讲话之前问自己三个问题：是事实吗？够善良吗？必须要说吗？

## 是事实吗

闲言闲语和道听途说在经过第一道过滤时就被筛除了。讲话之前，先问问自己，想讲内容是否是真的。我们也会发现自己夸大事实、观点、把假设作为事实。想象一下家里的“言语负荷”不论来自家人或外人，所有的语言都在空中回旋。想象有个篮子放在门前，用于收纳拒绝进门的话。所有不实、难听、伤人、恶劣的语言都在拒绝之列。有了这层过滤，是否觉得家中空气清新多了，平静多了？过滤语言，你要以身作则。你也可以将这作为你要听什么的指导原则。“嗨，妈妈，你听说过安德森一家吗，知道他们的妈妈是做什么的吗？”“没有，不过首先，奇奇，你确定是真的吗？”“我想是吧……艾米告诉我的。她爸爸做会计师或做类似的工作，至少以前是。所以他大概知道。”“不行，亲爱的，这听起不像是真事，我不想听。”

## 够善良吗

如果你要讲的话已经通过第一道过滤，是真的，还得要通过“是否善良”这道检测。有些事是真的，但如果讲了会伤人，那就不要讲。如果孩子能做到这一点就不会有欺负别人的事情发生了。不过大人要先作模范。如果孩子欺负别人最常用的武器是令人难堪的嘲弄或批评，可以肯定他的父母也会有同样的行为——可能是用文字或肢体语言自以为是地指导或鼓励孩子。当我看到父母过度参与时，多半也会看到孩子让别人难堪。

在我的工作中，不论是在家庭还是学校，如果遇到孩子欺负别人的事情发生，我会要求父母自我约束三周，要减少令人难堪的情形发生。当父母看到自己的行为——批评、起绰号或认为孩子一定如何（“你总是……”，“你实在很……”）——令孩子们有多难堪时，他们就会意识到为什么“告诫”和“挑衅性”的话令人感觉很像在欺负人。“是否善良”很重要，而“家”正是实践的好地方。这里是设立对彼此善良标准的最佳地点。身为父母，当我们指导孩子时，要记住一切事实都可以用善良的话语表达。

## 必须要说吗

我认为这是针对语言“杂乱”的过滤。我要说的话必须要讲吗？这是不是我第六次解释这一件事，而孩子早在第三次就已经不想听了？所谓“必须”不是说我们讲的每一件事都得有指导性，或者有伟大的教育意义和启发性；只是说要比寂静重要。我们能识读一个字，是因为它的旁边有留白。没有寂静，我们就无法听清。寂静很重要，特别是在一个嘈杂的世界或家庭里，嘈杂会想办法永生不灭，所以如果孩子在成长过程中习惯了嘈杂，他就会试着去创造并维持那种程度的嘈杂。我这么说可能让你觉得不可思议。我只想让大家认同寂静的重要性，不论我们在何时何地，只要能找到它就好。因为它是语言“杂乱”的过滤器。“是否必须说”应该会使你家中的“空气”变得更干净。

“是否必须说”是指导你说话的最佳助手。当孩子开始注意到你说得少了，他们就会聆听得更多。但是这种过滤不能用在听孩子说话方面。你会问“孩子说的话都必须要说吗？”“爸爸，我在想太空旅游，我发现喷射器也许装在你的鞋子里会比装在背上更好！”“妈！快来！浴室里有一只瓢虫，是我5岁时看到过的那只。还在同样的地方！只是我不记得它的名字了！”必须吗？是的，这些也许都必须。“拜托！拜托，爸爸！我可以买吗？”“米奇！我说了‘不行！’你已经问过两次了，不需要再问第三次。”这些就不是必须了。

这三道过滤具有简单的美。我有时会在日历和每天携带的笔记本上写下这几个字“是事实吗？够善良吗？必须要说吗？”任何值得做的事，都需要练习才能记在心中，自觉履行。幸运的是，身为父母，我们一天有许多机会，而且天天都可以练习。

## 退一步——协同工作

这是我在父母和子女之舞中注意到的另一个“数学公式”。当父母一方“过度参与”孩子的生活，另一方就会“过少参与”。当然，并不一定永远如此。有时父母双方都会过度参与，就像一个共同的嗜好，他们同时插手孩子生活的方方面面。

不过，根据我过去20年来与诸多家庭共事的经验，参与的天平大多倒向母亲那一边。过度做父母的父亲多半倾向于专注成就，过度参与孩子的学业和（或）体育方面的成就。母亲的担心比较多一些，也许更多偏向于社交方面的适度。担心常常会削弱喜悦，就像艾米莉的情况。

艾米莉的先生会如何表达做父亲的感受呢？父亲们最常说的词就是“平静”。一种平静感是他们努力想要在孩子养育任务中提供的。向后退一步，不要着急，试着以长远的眼光来看。这些表达是身为父亲的男士们经常提到的。他们的目标是保持一种均衡感，但是通常的结果却是缺乏参与，进而增加了配偶的孤立感与焦虑感。

许多书中都提及父母角色这个话题。艾米莉与她母亲在育儿经历中有许多不同，其中有一条非常重要，却又常常被忽视，那就是除了肩负照顾孩子的主要职责，艾米莉还有工作，而她的母亲那时没有工作。事实上，这一改变已经十分普遍。在这样巨大的“地震”后，在两性关系上，在养育孩子的工作分配上，还有许多“余震”。

这些问题已经有点超出本书的讨论范围。但实际上在父母们聚在一起，相互交换体验和理念的同时，社会学的相关理论也在逐步发展中。父母的责任和权力在家中如何均衡是需要密切交流的，并且需要作出巨大的调整。

我前面提过，但是我感觉必须再提的是：父母的体验天平——焦虑与喜悦——是否平衡，取决于配偶两人的“参与度”。在我的经验中，天平的失衡通常是母亲过度参与造成的。不过，如果父亲能够前进一步，许多母亲都很愿意退一步。这些调整需要慢慢来，因为工作方式和责任都定型了，调整的结果通常告诉我们付出是值得的，均衡的参与加强了伴侣的合作关系，也简化了父母对孩子生活的参与。当做父母的责任与担心平均分配时，焦虑感也就减轻了。

**很简单**

父母各尽其职、较为均衡的合作关系对大家都有利：合作关系更牢固了，直升机式的亲子关系减轻了。

我发现在均衡父母参与度方面最有效的调整方式是采取渐进而实用的步骤。辩论或哲理般的宣言最后常常被扫到脏衣筐之后，沟通半天的共事条款又被丢在脏玩具兔下了。比较正面、持久的改变要先从清理厨房或是刷洗浴缸开始。在每日众多的父母职责中，父亲一定要选择一些填到他“全面负责”的清单上。

比如，每天的早饭（如三明治类）和洗澡都由爸爸做。孩子和他人或团体有接触时（例如保姆、学校、小孩聚会），父亲也应该承担一份职责，并保持一贯性。也就是说，有些事父亲要挑起“专责”（或几乎都是由父亲专门负责）。这样父亲的责任就不仅仅是帮忙了。在孩子的眼中，生活中有那么一片天就是要“找爸爸”而不是“偶尔替代”妈妈。这样一来，对妈妈来说，信任感与轻松感才能渐渐融入日常生活，她就能放松了。

一些配偶会努力做到每人一半。但变数太多了。长久积累的经验告诉我，不论对父母还是子女，专人挑起专门的责任是很重要的。并不是说父母不能在某些方面共同分担或一起完成。照顾孩子的工作常常会填满每一个空隙，所以要让一个人真正“休息”，在心理和身体上完全放下某项工作，另一个人就一定要完全地、一贯性地做这件事，把另一半完全解放出来。

当伴侣之一独自挑起孩子生活中的某些固定角色时，他们对孩子的了解也会扩大、加深。当两个人各自都一贯性地、完全为某件事负责任的时候，家里才会有更好的节奏。

男士一定有体会，当他们接替太太的工作时，他们的努力总是被质疑。他们觉得是一样的——不论是有关洗澡、睡觉、穿衣、学校开会、拼车还是做早餐——都无法达到和妈妈一样的效果。他们的工作总被认为是“不同”外加“不够好”。要知道，成功需要努力和过渡。两人都会感到短期的不适应，这需要调整。方法也许要改进，标准也许也要变化，直到大家都觉得自然为止。对大部分女士而言，从“什么事都要做”变成“做事和以前不大一样”是个广受欢迎的转变。这就像跳舞，除非一个人退一步，否则另一个人是无法前进的。我发现这种“各自负责”的方式帮助了夫妻二人从过度参与或过少参与中走出来，相互间走得更近。

# 退一步——减少情绪监控

你不会经常想到自家门前的车道带来多少好处，一旦孩子学骑车你就会知道了。那个夏天，我的女儿7岁，她来来回回地骑着。我们家门口的车道够长也很直，很安全。但是，我走去拿信时发现她稍微骑快一点的时候就已经需要调头了，显然车道不够长。某个大热天，她边唱边骑，来来回回，歌声听起来好像一只胆小的猫。

回来吃点心时，她宣布要去探险。她拿了背包，塞进帽子、一本书和一罐水，随后关上门走了出去。然而，25分钟之后，她还在那条车道上来回骑。向外骑时歌声好像勇敢的狮子，转回来时就变成胆小的猫了。

很明显，问题不仅在于车道的长度，在于她想要骑出去，但又不敢。她的背包准备好了，眼光看着围墙外的乡村小路，她很想去。后来，我们听到自行车倒在地上，她进来了，还流着泪。她妈妈弯下腰问她："你要怎样才敢骑出去呢？"女儿诧异地抬起头，充满期望地问："你可不可以陪我骑到牛棚那儿？"于是，凯瑟琳骑上车子，陪她骑到了牛棚那儿的那条泥巴路上。当那条路转向小溪时，凯瑟琳给了我们女儿一个吻，然后转身回家了。我还记得她回来时，我们相视而笑，为我们的小甜甜能够跨过这道艰难的门槛感到高兴。

不过，我还应该提一下，1小时15分钟后，她还没回来。她妈妈和我都有点高兴也有点紧张，但是我们做到了（至少我是这么希望的），当女儿脸上带着胜利的微笑进门时，我们用一种自信而平静的气氛迎接她。结论就是，这个门槛，对两个担忧的大人而言，也有点儿难度。

还记得当你蹒跚学步的孩子第一次告诉你身上哪里不舒服时，你那种感觉吗？当他们还是婴儿时，我们感觉自己像是解密专家，找着各种线索来解读他们的感觉。我们的本能越磨越利，学会识读各种征兆，从他们细微的变化来判断他们是否出现问题。这种本能很重要，可以在孩子的早年时期为你提供帮助。对于孩子的情感生活、情绪发烧，这些父母的本能比语言更重要。

**很简单**

不要跟9岁或不满9岁的孩子过多地探讨他们的感受。

我们很多父母会一天内多次测量孩子的“情绪温度”。我们监控他们的感受，不断地要求他们描述、表达自己的感受。我们期望孩子对自己的情绪有复杂的认知，能够发现并有办法用语言表达这种认知。“宝贝，你对妹妹生气是不是因为有点儿嫉妒？你可不可以对她说说你的感受？”虽然我们有良好的初衷，但这种情绪上的监控会带来你无法预见的后果——将孩子推向早熟。

不满9岁的孩子有情感，但是大部分情形下是无意识、无分别的。遇到任何冲突或不安，你问他们，多数孩子会很诚实地说“不好”。如果你认为他们隐藏了细微的感受而一再追问，除了让孩子更紧张之外，并不能解决问题。小孩子有情感，但他们得慢慢地才会感觉到。在10岁之前，他们的情绪、意识或语言文字都太稚嫩，无法承受我们无微不至的监控。

霍华德·加德纳、丹尼尔·戈尔曼以及其他人的研究让我们在过去数十年里对“智力”有了进一步认识。很明显，一个人的成功与快乐不仅取决于他的书法、外语好坏，或是能否设计一套复杂的解题法，是否能达到目标并与他人建立联系的关键在于一系列的技巧、洞见力和能力。戈尔曼把这叫作“情商”，并把它纳入智力范畴。情商包括自我意识，这让一个人能够认知、管理自己的情绪，并鼓励自己走向目标；也包括感知他人的感受，通过互动、解决冲突、协商等方式建立良好的人际关系。

随着我们成长，我们越发认识到情商高的人更出色——不仅在事业或人际关系上，甚至在日常小事上都是如此。遇到那些会对你微笑、真心关心帮助你的人是多么令人喜悦。我们也会经常发现，如果自己能更好地了解他人的感受，或是能更好地控制自己的感受，就可以避免冲突。

在我们对孩子的期望中，情商也许应该优于足球奖学金或是中提琴的乐团旅行演奏，甚至要优于学生成绩单上的优秀。当孩子成人时，情商能随时随地帮助他。**情商，是心灵的卫星导航系统，是我们一直追求并希望孩子能够拥有的。**

然而，**情商买不到也急不来，它是慢慢培养出来的。**过早催促孩子对个人情感有所感知其实是将家长自己的情绪和声音转移到他们身上。这会令孩子受不了。孩子一生中的最初十年主要是从模仿中学习。你的情绪和管理他们的方式就是孩子“铭刻于心”的典范，比你怎么说或怎么教都更有效。

从过度参与中退一步的方法之一，就是允许孩子在他们的情感上有更多的空间和私密性。减少父母情绪的施加，让孩子自我培养和感知。孩子很小的时候，我们要让本能来引导我们，而不要经常用刺探性的问题去测量他们的情绪温度。我们可以去聆听，让孩子带我们去看他们想要表达什么，表达多少。本能会告诉我们，孩子们心里装的东西在什么时候比说出来的或愿意说的多。通常他们需要的只是你一贯性的倾听。这就为他们提供了所需的帮助和信任，让他们自己慢慢去感知这些情绪，让他们知道这是自我中的一部分。

**当孩子还小的时候，让他们活在“做”的世界。**对索菲亚的困境而言，没什么其他的方法，只有骑车才能解决问题，语言是没有帮助的。当小小孩对一件事有情绪时，生气或伤心，他们需要用行动来调整心情。他们需要拥抱一下，或是挖个洞，找他的狗，画一张全是绿色的画，或是做点什么东西。他们必须通过做事来发泄。如果他们需要讲话，知道你会听，就很有帮助了。也许他们需要摔点东西（希望不是他妹妹），抛起来再抛出去，直到变成一种游戏：抛过去，弹起来一下是赢了，弹起来两下就是掉到火山熔浆中了。他们需要投入这个世界，用身体调整感受。偶尔他们也会需要一点儿帮助。

## 退一步——睡前功课

是不是有一种标准可以评估那些无法预期的、非凡的时刻？有没有一个比例或者指标说明在一天中应该有多少时刻应该泛出光芒，与众不同？这个数字能不能根据孩子的年纪、高度或生日来决定？看看你女儿的眼睛，当她发现鸟巢中淡蓝色的知更鸟蛋时，充满了惊奇和喜悦；你3岁的儿子，聪明大胆，似乎决定要向海滩上的每个人问好。感谢上苍，没有方法可以量化这些时刻，没有图形可以指出它们发生的频率、品质或是持久度，没办法可以比较或筛选它们。

**很简单**

父母心中的喜悦非凡无比却又无法预期。

当艾米莉的母亲养育孩子时，“做父母”还不是一种“科学”，人们还没有用学术的眼光从各个角度对此进行研究，也不是众多书本与理论的焦点。家庭教育类的书并不摆放在书店最畅销的书架上。在班杰明·史伯克（Benjamin Spock美国小儿科医师《育儿宝典》*Baby and Child Care* 的作者）之前，没有什么“大师”教你如何做父母。艾米莉的母亲也许知道艾米莉和她的哥哥小时候有何不同，但她无法说出像“在18个月后，艾米莉与同龄婴儿相比，在高度上超过90%同龄儿，在重量上超过95%的同龄儿”这一类数据化的话。

不论好坏，在这个时代，我们更有意识地做父母，也许有人会说是“过度有意识地做父母”。当然，这对了解孩子什么时候应该达到成长上的里程碑是有帮助的。一些指标在决定孩子是否需要帮助或介入也很重要。不过，所有这些图表和比较、这些百分比、标准值也会影响我们对孩子的看法，其结果就是引起过度的焦虑。身为父母，艾米莉获得的资讯也许比她母亲多，但结果呢？她更加享受养育孩子的过程还是更担心呢？

前面我提过直升机式或悬浮式的父母只是过度参与的一种形象，另一种我经常看到的形象就是用放大镜来看孩子的父母。他们以各种研究为依据，用某个成就的标准来衡量孩子是普通还是天才。不过这种放大镜不会帮助孩子，看得太清楚反而失去了美感。

对于过度参与，我还有最后一个简单的建议。我已经看到了这个建议在父母态度和情绪上带来的巨大改变。它是一种静思，在一天结束前花一两分钟做的心理练习。在睡着前，请你回忆一天中的平凡时刻，与孩子共处的珍贵时刻。这个简单的练习就像心灵的校正镜片，提醒你“他们是谁”，而不是“他们还需要做什么”或“他们怎么才能做得更好”。

回忆女儿说的那些逗得你大笑却非常有洞察力的话，或是儿子表达的令你惊讶的深刻含义。想想你的小人儿如何在下午3点左右爬上窗前的板凳，仿佛知道他姐姐的校车快来了一样。还记得在公园里，你的双胞胎的样子吗？记得你几分钟前检查她是否熟睡的样子吗？她横躺在床上，手臂放在脑后，深深睡着的样子吗？在一天的最后，让这些景象浮现脑海，让它们填满你的思绪，让你在感恩和惊喜中平静地入睡。

***想象……***

身为父母，你更加平静、更为安心、更少焦虑。

要将保持情绪的健康幸福作为目标，付诸行动减少对媒体的过度关注，因为媒体是通过你的恐惧和哗众取宠来获利的。

你的孩子在幼年阶段不看电视。

“投入去建立关联”——而不是被动地“娱乐”——将有助于孩子的想象力的发展，让他们的玩耍更丰富。

你的孩子小时候不会看到无数的电视广告和暴力节目。

你的孩子没有在不知不觉中参与成人的话题和讨论。

家中的平静感不断增加。

在孩子小的时候，强调亲密的关系，加强日常生活的规律性，就是在建立一个充满安全感的“基地”，这个“基地”有助于孩子顺利进入成人期。

少说一些会增加你被听到的机会。

你的伴侣增加父母参与度时，你就能从过度参与中退一步，或是你站出来参与更多，就能让你的伴侣从父母职责中体会到更多的轻松。

家中所讲的话都是更善良、更真实、必须讲的话。

带着感恩的心进入梦乡。

# 简单做父母

我初遇卡拉时，她眼里写着不信任三个字。对我的到来，她毫无准备。卡拉的妈妈介绍我们认识时，卡拉看我的眼神冷酷无情。她坐在地板上，旁边是一大堆包装纸和一堆闪亮的布。谈话时我发现这个不满6岁的女孩几乎控制了家里的一切。她的眼睛在命令式地询问“这个人来这儿干什么？”

卡拉的母亲米歇尔，大约在一周前找到我，表达了她对卡拉行为的担心。米歇尔与丈夫克拉克·亚当斯在数月后会迎来他们另一个孩子的降生。为此，卡拉已经发作了好几次。米歇尔说：“我知道这很正常，卡拉不喜欢新婴儿的到来，但是，现在的情况是，她的行为让我们有点受不了了！”卡拉近来变得十分激动，又踢又打。他们也担心她和新生儿在一起时会如何表现。米歇尔觉得她需要帮助而且要快！要让卡拉为新婴儿的到来感到兴奋。

交谈中，我发现他们夫妇的生活忙碌又充满压力。两人都有要求很严的工作，尤其丈夫，他是职业球队的经理，工作时间不定。二人在当地都没有亲戚，朋友也多是工作上的，而不是社区里的熟人或邻居。夫妇二人时间不够，经常用“媒体”来带孩子，但是他们对女儿的爱是无限的。事实上，他们关于是否再要一个孩子已经想了很久了，因为他们担心不能像爱卡拉那样爱另一个孩子。在没有任何支援的情形下，两人已经尽力了。卡拉很聪明，她知道了和父母相处的有限时间就要被减得更少。这些新出现的、经常性的粗暴，只是她在表达：“任何方式的注意，都比没人注意好。”

卡拉只吃三种食物“面包、面条和苹果”。米歇尔说“幸运的是，我学会了如何有创意地做这三样东西。”卡拉还有许多坚持的事情，例如，她的食物一定要放在女超人餐垫上，她的粉红色毛衣一定是上面有小马的那件，连去某些地方的路线也要固定，她痛恨父母改变开车路线。最近她还在房间里设定了“禁区”。没有人可以碰那个区域里的东西（我想她是害怕新婴儿会拿走她的东西）。除非是累坏了，否则卡拉不会上床睡觉，而且上床的时间每晚都不一样。（米歇尔说“我也是这样。除非累得跟狗一样，否则我也睡不着。”）

在我拜访之前，（也许是因为我要拜访了）米歇尔给卡拉买了一件漂亮的、黄蓝色缎子的晚宴装，“就像《美女与野兽》里美女穿的那一件”，米歇尔解释时拿起来给我看。衣服很漂亮，但是无论怎么哄，卡拉也不穿，她把衣服留在地板上，并坚持由她本人带领我在家里四处看看。

卡拉的房间就像国家大剧院演出结束时的穿衣间，衣服与配饰扔得到处都是。镶着金饰的鞋子和羽毛围巾散放在家具上，中间还夹杂着一堆玩具和书。我问她哪儿是她的禁区。她模糊地指了指房间的一个角落。我对她说：“这不是很容易分辨，如果别人不小心闯进去了，是不是有点危险？”她用疑问的眼光看着我，惊讶地说：“不会的，别傻了，我知道在哪里，而且我可以随时改变那地方！”

婴儿房也被塞得满满的，但是是另一种不同的杂乱。崭新的盒子和购物袋堆在墙边，房屋中心是塑胶纸包着的新婴儿床，米歇尔的计划是工作到预产期的前一周，然后用这一周去整理这个房间。孩子出生后她有六周假期，然后再回去上班。到那时，卡拉所在的幼儿园可以照看婴儿，所以没问题。时间上有点紧，一直都是如此，但是米歇尔与克拉克觉得只要能让卡拉也对新婴儿的到来感到兴奋，一切都可以按部就班。

“只要！”只要你看到卡拉打量我时那充满怀疑的目光，你就会了解我对这项工作也心存担忧。如果他们的眼光只放在眼前的困境，这个家庭愿意付出多少来做出改变呢？卡拉和她的父母有个共同的期限——婴儿的出生日，但他们有着各自不同的目标。米歇尔与克拉克要取悦、劝解卡拉。卡拉呢？（也许听起来有点疯狂，不过她正在一步步实现中）要完全控制这个家。时钟则在滴答滴答响个不停。

回想这一家，我还记得当时的疑虑。如果那件美女晚宴装都不能取悦卡拉，我显然也拿不出什么更好的东西。看起来，米歇尔和克拉克对这项工作没有长远的兴趣，只是想把它塞在产前训练课之前。我并没有抱什么希望。不过，我在这里讲他们一家人的故事是因为这最终是个感人的故事，不论对他们还是对我本人，都是如此。他们的事例也说明了很多问题。没有所谓的“理想候选人”，没有先决条件与要求，任何家庭都可以将鼓舞和注意力带入日常生活。在我的怀疑之下，他们家就做到了！只要注意力不分散，任何家庭都可以重新衡量哪些东西对他们来说才是最重要的。当家庭得到简化，你会发现这一过程带来的变化和影响比你想象的更加深远有力。

读到这里，你已经知道“简化”不是转瞬间就可以完成的。但是，在卡拉带我在家里看了一圈之后，我意识到这个家需要赶快行动。他们需要腾出空间，不只在杂乱的家庭中，在忙碌的生活中，更重要的是在心中为彼此腾出空间。米歇尔与克拉克要让卡拉觉得兴奋，但是在我看来，他们家中缺乏的是和谐而不是兴奋。我也感到卡拉不是唯一对新婴儿的到来感到焦虑的人。在这家人继续向前走之前，他们需要往后退一大步，把他们一路走来丢弃的东西捡回来。只有这样，他们才能共同梦想并期待新生儿的到来。

这个任务有点儿艰巨。我决定不把预产期作为截止日，而把它看成关键日。米歇尔与克拉克是否会在孩子出生前全心投入这个过程，做出比我建议的更多更快的改变呢？

我的第一个要求是：一旦开始简化家中杂乱，米歇尔和克拉克就要停止送卡拉礼物（这是他们焦虑的标志）。卡拉的服装全部收到阁楼里的挂衣间，只留下一两件。挂衣间可以变成一个“借衣间”，让她偶尔发现有新衣服穿。她的房间在清理后看起来大多了。有一个特别的区域，那有一张埋藏已久的椅子、羊毛小地毯和一盏小台灯。卡拉马上说这是“卡拉的角落”。看来，这就是那个禁区，但是我们暂时先不去管它。

在这个过程中，米歇尔和克拉克整理好了婴儿房。他们在安置好后发现原来的计划有点杂乱，于是改变了想法，最终简化为：一个婴儿床、一个换尿片桌和两个摇椅，小的摇椅是给卡拉的。他们对这种新的审美观——更大的空间、更少的杂乱——感觉很兴奋，并想要把这个理念扩展到每一个房间。他们很高兴能共同发现、共同努力完成了这个过程。

我们继续前进：在日常生活中增加节奏感和一贯性。克拉克是个活动能量场，他愿意（最初只是勉强愿意）在家中保证手机处于关闭状态。全家晚餐有了固定的时间，他同意一周至少有四顿晚餐在家吃，并在月历上标记出来，把这当作正常工作之一。有时米歇尔只能买外卖回家吃，有时克拉克吃完还要上班，但是这个习惯在日复一日中渐渐养成了。晚餐也不再是面条和苹果酱，你也许会想，卡拉不是只吃这些吗？不！晚餐是个均衡餐，经过几天的生气之后，卡拉开始吃别的东西了。生活习惯也建立了，洗澡、念书、讲白天的事情以及对明天的展望，上床睡觉的时间也固定下来了。

你也许会想，卡拉从这些改变中能得到什么？她的东西、权力减少了，看起来父母仍然会有“那个小孩”（她对新婴儿的称呼）；每天晚上还得摆好餐桌，按时上床，看电视的时间也大大减少了，而菜单上的恐怖食物品种增多了。卡拉会怀疑她是否还在做主。她很明确地感觉到了这些改变。但是新惯例继续进行，并没有出现太多的忙乱和抱怨。在规律的作用下（卡拉，到时间摆餐桌了！）这一切至少看起来很可靠。她得到了什么？终于到揭晓谜底的时刻了！她得到了时间，和家人的亲密关系、安全感和轻松感。

当米歇尔与克拉克清理房子时，他们“找回了”餐桌，那个曾经被报纸、邮件、玩具、高尔夫记分卡和钢琴练习册淹没的地方。我建议米歇尔不要把这张桌子当作工作台，而把它变成一个公共互动的地方。他们要在这里做什么还不知道，但他们需要一些能够持续进行的活动。忙碌的日子把家变成了车站，人们出入匆忙，用餐匆忙，时间表不停地变化。当忙碌控制了生活，就算你有最好的打算，生命看起来也是匆忙、无常的。家中的一贯性会令人扎根，日常生活会安定下来。但是如果没有内心的平静，惯例也会被视为时间表上的项目，节奏不会慢下来。米歇尔与克拉克都在不停地动，卡拉在安静和专注方面也有问题。米歇尔跟我谈到，改变也许就该从这张老餐桌做起。

我们花了一点力气才开始行动。米歇尔最初觉得很奇怪，有点笨拙，抓不到重点，但她简单的目标就是承诺每天用一段时间与卡拉相处，母女俩共同做一些事。她们从玩黏土和画画开始。有一天，她们开发了一个“寄更多信”的活动。两个人一起做寄给亲友的明信片。她们弄了一个蜂蜡蜡烛在桌上，还放着轻松的背景音乐。米歇尔有时拿一张相片、一首诗或是一则笑话，在开始前先与卡拉分享。卡拉也逐渐放开了，开始讲学校和朋友的事。没过多久，她们就更进一步，共同做了三个很漂亮的家庭相簿，有一本完全是卡拉的婴儿照。这些照片是米歇尔从办公室里封藏已久的照片箱里找出的。她们花了好几周时间完成了这项工作，在做的过程中勾起了许许多多的美好回忆，许多趣事和难忘时刻。（就连卡拉出生时的故事，卡拉都会在妈妈重讲的时候说：“哦，是啊！我想我真的记得那件事，妈妈！”）

亲子关系的建立对米歇尔来说是最难的工作。我认为卡拉在某种程度上早就知道这一点。看着妈妈静静地坐在对面，而不是走向另一个房间，需要一点时间才能适应、感觉到自然。但是，请相信我，它会变得自然。米歇尔与卡拉成了彼此的陪伴。她们惊喜地发现两人可以共同建立的东西不只是相簿，还有一种轻松相处的感觉，一种可以持续下去的信任感。

最初，当米歇尔接下这项工作时，克拉克松了一口气，他很高兴不必参与。但当他看到接下来发生的事，看到卡拉与米歇尔都期待相处时刻到来时，他感到自己被排斥在圈外而主动想要加入了。一直以来，卡拉都是坐校车上学。现在，因为早上时间可以配合，克拉克决定自己开车送女儿上学。这对卡拉来说是个“意外惊喜”。她对妈妈说：“你猜怎么着？爸爸早上还真有趣！”我建议克拉克也接下陪练钢琴的任务，因为我知道他会弹。“但是卡拉不爱练琴，我也不爱练琴。”这不就得了，这正是他们两个人共同解开练琴心结的好机会。虽然初期会有一些不可避免的问题，但他们坚持了下来，弹琴变成了卡拉可以做到并感到骄傲的一件事。最终，父女俩有了可以共同分享的东西。

不久之后，米歇尔和克拉克走上了自己的路。卡拉的小弟弟叫亚力士，在我们的工作开始6个月后出生。卡拉兴奋吗？当然了！此外，卡拉现在很平静，在学校表现优秀，有许多兴趣，也比我们初识时快乐多了。

我还记得第一次见到她时的无情眼光，我想象当她初见亚力士时，眼中也许会有些怀疑。不过这跟她初看我时，是完全不同的原因。她不再控制家里的一切，家里有了一种新的亲近感，她会学到要与弟弟分享这种感觉。

简化是一个过程，像一枚小石子落入家庭生活的水池中。它鼓舞着改变，这改变会触动家中每一员。让我们看看这些改变的涟漪，看看一个家庭如何找到它的深度和崭新的平衡状态。20年来，我有幸帮助过许多家庭做这样的工作，也开阔了自己的眼界。现在，我也依然与许多不同家庭保持着联络，听到不同年龄孩子长大以后的情形。我意识到我们共同做的这些事只是一个开端，是他们继续完成整个转化中的一小部分而已。

减少日常生活中令我们受不了的分心与过多内容，说“不用了，谢谢”，而且真心去做。这需要一个过程，不能着急。改变一个家庭的方向并不容易，特别是当生活节奏过快的时候。然而，父母对子女的爱可以做到这件事，**因为这份爱是世上最强大的力量。**简化的动力来自父母要保护孩子早年的轻松感和好奇感。从小处、从可能之处做起，享受阶段性成果，这会给简化的过程加点燃料。**我发现最有效的方法是从简化孩子的生活开始：**清理他们拥挤杂乱的房间，他们的饮食和时间表，增加家中的节奏与规律性。

走向更有节奏、更正常的生活方式之前需要一个调整期。孩子越大，调整期的时间越长。四五岁以下的孩子甚至不会意识到有所改变。不过你会发现他们在玩耍、情绪和睡眠方面都有了更多的轻松和自在感。毫无疑问，青少年期的孩子会拒绝改变，这是成长期的孩子正常且必要的表现。但你的坚持会让这个调整期比较容易地度过，并走向一个新的、大家欢迎的正常家庭生活方式。

没有过多的分心，轻松感就会注入家庭里并扩展开来。保持紧密关系、沉思和玩耍的时间就多了。以往不受欢迎的“无聊”，成为鼓舞灵感的前奏，在家中再次出现。也许与你想象的相反，规律性会让大部分孩子感觉自在而不是无聊。对青少年期的孩子来说，节奏提供了一种稳定性、安全感，可以对抗青春期特有的反复无常和情绪起浮。规律会让紧张感得到放松，减弱他们控制日常小事的需求。记得卡拉的餐垫吗？餐垫放得不对就不吃饭。在家庭的晚餐变得规律之后，由卡拉负责摆放餐具，于是她开始关注更重要的工作，把她的餐垫放在了抽屉里。“女超人”的力量就这样消逝了。

一贯性让孩子确信一切都在正确的位子，因此可以自在地玩耍，在想象中放松。时间，有时看起来像个不可预测的暴君，将孩子拉来拉去。现在，时间被家庭晚餐、睡前故事、家庭琐事、不定时的玩耍，以及出门前全方位的吻别规划得很好。唯有在规律之下，惊喜才能出现。

父母通常对“少一点选择”对日常生活产生的作用感到惊讶。我们生活的国家和时代，把“选择”与“自由”画上了等号。但是，对小小孩来说，对每个细节的“自由选择”变成了一种令他麻木的负担。这种情况随处可见。最近我在公用泳池看到一位父亲推着婴儿手推车，车后还挂了一个有轮子的皮箱。他发现池边有几个空躺椅就说：“这儿怎么样，孩子们？你们要不要坐在这儿？在太阳下还是要遮阴？”安置好双胞胎男孩（看起来大约4岁）之后，他开始打开皮箱，问题继续暴发，“雷生，里恩，你们要游泳还是吃点心？游泳？好，雷生，现在看看这个……你们要跟什么一起游？橡皮鲨鱼还是飞弹？还是面具？里恩要吃点心吗？饼干、葡萄，还是乳酪？里恩，我的朋友，你的饼干要放在纸巾中还是放在袋子里好让你边走边吃？雷生，你是在里恩吃东西时游泳，还是等一下一起游？里恩，你要不要先跟雷生游，等一下再吃点心？妈妈装了一点儿果汁，不过也有茶。你们要待多久？我们游一小时，然后回家小睡好吗？”我不知道这样问下去，这两个小孩最终会不会真的下水。我同意，这是个极端的例子。不过，这种经常给孩子的选择多于他们需要的或想要的情况确实时有发生。

**减少选择等于释放压力。**有了时间和自由，孩子就可以有自己的想法。他们也可以慢慢地轻松地打造自己的角色。

想象你自己的“选择超载”。也许你想买一份健康保险，或选一辆车，也许你买完东西停下来去租个电影。选择多到令人头昏，看来看去，本来的好主意竟变成了令人受不了的工作。如果真正想看的电影不在租售店里，会不会有些讽刺？眼前这么多的电影，令你有了更高的期望。如果不是最好的电影，那为什么要看？有这么多选择，怎么找得到最好的呢？怎么知道自己做了最好的选择？这样纠结下去，店就要关门了。

影片租售店也许不会令你沉入优柔寡断的黑洞，但这个例子可能给你带来一点儿同感。因为“选择超载”已经是我们生活中不断增加的一部分了。在你有过多东西或过多选择时，有些事情是肯定的，那就使决定变得更困难，期望会更高。“这些我都有了，是不是还可以有点别的？”或者“下一个是什么？”更糟的是，我们还将过多的选择及其引发的后果传给了我们的孩子。

让我们退一步，在简化中试着避开过多，走向均衡。当然，确实有许多孩子需要的是更多，不是更少——更多地过上一种健康舒适的生活。饥饿，令人心情沉重。更少的力量对缺乏温饱的孩子而言是无意义的口号。所以，**“简化”是给那些“想要”大大超过“需要”的孩子。**并不一定是过于富足的家庭才会有这类问题，因为通常在物质拥有和选择中受不了的孩子都来自中等收入家庭。有时这些中等收入的父母仍然试着送大量礼物给孩子，让孩子有种无限的选择。很讽刺的是，当孩子能够得到想要的一切时，反而让他不满足，他会梦想着那一两样没有的东西。

只有“少一点儿”才会让孩子知道什么是他们真正喜欢的，什么对他们是有意义的。当他们的期望永远都能得到满足，甚至可以预期时，他们的意志力就会变得薄弱。一个孩子的成长过程被塞入太多东西时，他们的行为往往离可爱越来越远。

如果我们不断满足他们心中想要的所有东西，会发生什么？有一件事情可以肯定——像训练有素的肌肉一样——他们的心会继续想要。但是当这些礼物把前门堆满，“预期”就静悄悄地从后门溜走了。这是超载的第一个牺牲品。**当期望永远被满足，就没有了预期的空间。**“惊喜”也一样悄悄从后门溜走了。有时，父母只有在看到六岁孩子收到新东西时那无聊倦怠的表情，才意识到孩子的惊喜感已经没有了。

当家不再被“更多”统治时，家才是一个平静的地方。这就是“足够就好”的定律。当然，“足够就好”与“更丰富”比起来，显然有些令人失望，甚至有点儿无聊。大部分父母听到要把堆积如山的玩具减少到那么可怜的一小堆时都会担心孩子会不会很悲伤。通常来说，不会的。孩子的选择少了，就可以去更深刻地欣赏东西。

有时，简化是一剂有力的家庭“消炎剂”。发炎是我们身体的红色警报，是对有害刺激物的反应。可能是急性的，也可能是慢性的。简化能够阻止“发炎”的恶性循环。

一位母亲发电子邮件给我，说她11岁的儿子托德生活在Ipod音乐播放器、电脑或游戏机之间，好像整天都挂着耳机。“我不得不留字条给他，因为他的耳朵里总是塞着耳机。也许现在的青少年就这样？到处都能看到这样的孩子。但我就是无法释怀，难道我与孩子聊天谈话的日子就这样没了？”

这是一个“发炎”的典型例子。这位母亲叙述了一件渐渐发生的事情。环顾四周，她看到了许多“耳机族”的孩子，几乎足够令她相信她看到的是正常现象。但是，这感觉并不对，她需要留字条给孩子才能跟孩子交流，这让她痛苦。她所感到的是一种不均衡，一种如果不加以干涉将变得更加严重的不均衡。它的效应会蔓延到整个系统——也就是全家。托德家该做的简化过程之一就是要增加共处的时间，将托德无限制使用媒体与电子产品的特权取消，要以家庭为先，摘掉耳机。

简化的过程会赶走日常生活中的一些主要压力，减少过度的期望和感官刺激。关闭每日生活中的“红色警报”，父母才能够重建一种比较自然的均衡状态。不让“分心”阻碍“家人之间的沟通”。

我经常看到，父母对孩子的爱会推动简化中最难的第一步。赶走“过多”，建立“限制”，童年的空间和特质得到了保护。米歇尔与克拉克注意到这些限制为卡拉、也为整个家庭找到了一条出路。

你付诸行动，限制那些你不想在家里看到的东西，其实是在明确自己“真正需要”的东西，那些对你而言重要的东西。你的价值观变得清晰了。可见，简化就是一个家庭的自我定义之路。

将流行文化、竞赛、消费主义的持续杂音调低，家里就会安静许多。就像歌星必须将周围杂音滤掉才听得到他们自己的声音一样。简化也让一个家庭能选择自己的价值观，选择对家庭有用的、定义了家庭特性的价值。在杂音消除后，你就能听到自己的声音，那是身为父母的声音。再将分心渐渐移到幕后，幕前就能有所发展，发展的是家庭的中心。它会逐渐浮现并且越加坚定。

“妈，那个坐在我旁边的女孩，玛丽埃塔，很愚蠢，昨天，她……”“我们家不用‘愚蠢’这个字。”“可是每个人都用，只是一个字而已！”“有人用，有人不用，我们是不用的，当你长大成家，你可以决定你家要不要用。”

在“杂乱”、“受不了”都被送出家门后，你做父母时就不会“发炎”严重了。较好的一贯性也给了我们做父母所需的时间和应有的从容，让父母维持家规时更容易。在米歇尔与克拉克对卡拉的期望与行为更具一贯性后，卡拉的紧张和控制欲少了很多。看起来卡拉并不真的想代替父母掌控家庭，她只是想要有真正的父母。当米歇尔与克拉克提供了更多的“方向”后，卡拉才能坐回“乘客”的位子，属于她的位子。

“家规”这个主题，内容太多，本书无法完全涵盖。但是，一个简单的事实就是：**比较有效的家规一般都是简单而明确的。**我与米歇尔、克拉克更进一步地将他们与卡拉的沟通方式从“少指示，多请求”变为比较均衡的“直接指示，少请求”。当每一件事都是一种请求时，那就变成了另一种方式的语言杂乱。“泰勒，你怎么样？要不要上车？你觉得怎么样？可以系上安全带吗？你能关上门吗？甜心，是不是你把玩具丢到前面的？可以停下来吗？”指示要很直接，比如“泰勒，该上车了，扣上安全带，请关上门！”“有分心的事我无法开车，车子开动时不可以丢任何东西。”“请求”听起来好像是一种“比较温柔”的沟通方式，但是做得太多就很容易被忽略，也很难让孩子知道什么是真正重要的事。请求好像是在邀请回应，但却不真的是邀请，所以最后就变成了背景的杂音。“所以，本，你觉得怎么样？准备上床了吗？好宝贝，刷个牙吧，好吗”？改成“上床的时间到了，本，你知道该做什么”。简化对孩子的请求，要求他去做。这样你的每一个请求都能得到回应。

有规律地与孩子沟通，我们的本能也会增强，我们会做出更多的回应，而不是被动的反应。我们会有更好的判断力，知道什么时候需要担心。我们的紧张感会减轻，我们不需要拨通老师的家庭电话也可以知道学校里发生的事。当孩子知道你不会因为他们提到的一点小事而暴跳如雷，他们也会放松，他们会觉得自在，觉得多说一些也无妨。

简化的效应会扩大，超越父母和子女的关系。一个父亲，最初不大情愿为孩子开始这个过程，结果却告诉我这个过程对他的婚姻，对他和太太的亲密关系产生了深远的影响。对此，我已经不再惊讶。当家庭慢下来，限制了分心与杂乱，得到加深的不止是孩子的注意力，也许父亲终于看到桌子对面母亲的目光。当“是真的吗？够善良吗？必须说吗？”这类过滤器开始使用时，全家都会得到更多的尊敬。简化让父母在全家乱成一团之前有了新方法。它将日常生活重新与最初的家庭梦想拉到一起。

拥有孩子本应该是一种难得的共享旅程。但是一个婴儿会带来跟地震一样的后果。通常父母只会在数年之后（或另一个孩子出生之后）回头看两人关系变化的时候才会发现，各种调整都做了，各种转变也适应了，大都是为了孩子，而不是为了对方，也不是为了婚姻。简化能帮助我们兑现“共享旅程”的承诺。许多夫妻都说简化过程带来了意料之外的，他们重新回到了拥有共同目标和成就感的路上，使他们想起了生子时所体验的情感。而从那以后，他们已经很久没有感觉到那份感动了。

“简化”是否意味着父母要做所有的决定？方式永远清楚，指令必须推行？简单的答案就是：“当然不是”。不过当你定义家庭中心之后，你的被动感会减少，不会轻易偏离轨道。“更多、更快、更早”的社会压力也许会带给你威胁感，但再也不会拆散你的家庭了。在做过简化的辛苦努力后，你会看到那些“一定要有”的东西只是“更多”的另一种面貌，都会很快被忘记、被丢弃。当你的孩子在家中经常展现自我的最佳状态时，你会本能地守护他们的休闲时间，令他们不会皱眉，允许他们去追随好奇心。

毕竟，这些改变对你也同样有好处。孩子提醒了我们做最棒的自己，没有压力、无须担心的自己，还有比这更好的提醒吗？！从他们身上，我们看到了自己过去的样子：我们还是孩子的时候；是我们有孩子之前；或两周前年底公司大会的压力来到之前的日子。孩子们的喜悦，有感染力的热情以及他们发自内心的责任感会让你放轻松。我说的重点就是：拯救孩子的童年，让他们没有压力，他们就会必然地、惊人地、一天又一天地回头来拯救你。

当然，生命在简化后还是一样不可预期，就像他们说的“总会有些事情发生”。当你有孩子之后就变成“总有些事会有规律地发生（而且花样还不少）”。不过，从一个稳定的中心去看这些事情，就没什么可怕的了。简化之路让你有时会脱轨，然后又能找回正路。可以通融，可以进行修正。你的家庭不受“分心与过多”的离心力干扰，就会转化出内心的一种力量，这是一种你能认出、珍藏并保护的感受，也是一个维持一切正常运行的中心。

现在，你是不是已经发现了一个你能做到简化步骤？这就是你的起点，是走向更大改变的起点。一旦心中对这项任务有了规划，知道自己需要做什么，做到之后日常生活会是什么样子，那就开始吧，向心中的愿望出发！

# 致　谢

感谢安蒂奥克大学的同事，特别是多林·芬哲与彼德·易皮格的支持。感谢丽莎·罗丝的天分以及对此书的投入。感谢玛妮·卡克伦温柔而稳健的编辑手笔。

感谢众多的社区成员和我交换意见，正是他们的热心与合力才使这本书有幸出版。

最后，感谢我的家庭，特别是我的岳父亚幕斯和岳母哈利·克雷兹的支持。

金·约翰·培恩

与金·约翰·培恩共事很愉快。我们共同感到这本书从一开始就大受祝福，合作倍感愉快。玛妮·卡克伦一贯的编辑支援更增加了这种感觉。华德福老师威廉和安姬·瓦德对童年的丰富看法给予我巨大的鼓舞。谢谢我的先生杰米的聆听和心灵支持。谢谢珍娜·巴尼、南茜·瓦利的鼓励。谢谢我的父母瓦特与安妮塔。还有我的孩子安德尔与杰克，他们每天都让我对生命的看法更丰富。

利萨·M. 罗斯